Klaus Bartels Eulen aus Athen

Klaus Bartels

Eulen aus Athen

Streiflichter aus der Antike

Ute Schwan

Ferdinand Schöningh
Paderborn · München · Wien · Zürich

Zum Titel «Eulen aus Athen»: Die Eule, der heilige Vogel der klugen Athene, ist unter dem Regime der Peisistratossöhne Hippias (528/527–510) und Hipparch (gest. 514 v. Chr.) zum Münzbild der attischen Vierdrachmenstücke geworden, die Aristophanes in seinen «Vögeln» (Vers 1106) nach dem Silberrevier Laurion im Süden Attikas einmal geradezu «Laureiotische Eulen» nennt. In der gleichen, im Jahr 414 v. Chr. aufgeführten Komödie des Aristophanes (Vers 301) begegnet uns auch erstmals die witzige Redensart «Eulen nach Athen tragen», die im englischen *carry coals to Newcastle* ein modernes Gegenstück gefunden hat.

Erweiterte Neuausgabe
der 1981 unter dem Titel «Streiflichter aus der Antike»
erschienenen Sammlung

Lizenzausgabe für die Bundesrepublik Deutschland:
Ferdinand Schöningh, Paderborn, 1988

Separatdruck aus der «Neuen Zürcher Zeitung»
Printed in Switzerland
ISBN 3 506 70583 0

Inhaltsübersicht

Meiner Frau Annette

Zu dieser Sammlung

Der Kolumnentitel «Streiflichter aus der Antike», unter dem diese Texte seit nunmehr anderthalb Jahrzehnten in der Sonntagsausgabe der «Neuen Zürcher Zeitung» erschienen sind, deutet das Spielerische des Unterfangens an, regelmässig vierzehntäglich sozusagen «Vermischte Meldungen» aus der Antike in das Wochenend-Magazin einer grossen Tageszeitung einzurücken. Der griechische und der römische Anteil an der kunterbunten Folge dieser mittlerweile über dreihundert «Streiflichter» halten einander ungefähr die Waage; Herausragendes steht da neben Alltäglichem, Geläufigeres neben Entlegenem, Bedenkenswertes neben Heiter-Vergnüglichem. Hie und da mag bei diesen Streiflichtereien zwischen den Zeiten ein jahrtausendealtes Wort unmittelbar in dieses späte 20. Jahrhundert hineingesprochen scheinen, mag die Tagesaktualität im seitlich einfallenden, flüchtig «streifenden» Licht eines antiken Gedankens für einen Augenblick schärfere Konturen zeigen. Die Zeiten ändern sich; ändern auch wir uns in ihnen?

Eine erste Sammlung dieser Texte, die mit ihren mehr als hundert Stücken fast zu reich befrachtet war, ist im Jahre 1981 unter dem Kolumnentitel «Streiflichter aus der Antike» im Buchverlag der NZZ erschienen und inzwischen längst vergriffen. Einer zweiten Sammlung mit gegen siebzig «neuen Streiflichtern» aus den Jahren 1981 bis 1986 hat das Vier-Zeilen-Blitzlicht «Sokrates im Supermarkt» den Namen gegeben; der ersten Auflage im Herbst 1986 konnte schon im Frühjahr 1987 die zweite folgen.

Die hier unter dem Geflügelten Titel «Eulen aus Athen» neu vorgelegte Sammlung vereinigt eine Mehrzahl von Texten jenes ersten Bandes von 1981 mit einer Reihe neu einbezogener Stücke. Von dem Slogan *«Cash and marry»* des Heiratsmarkts in Babylon reicht das farbenreiche Spektrum dieser äußerlich wie innerlich verjüngten Neuausgabe bis zu den «Neun Worten Latein» aus einer Engadiner Arvenstube in Sils Baselgia. Dazwischen geht es in bunter Reihe etwa um einen zweiten «Herakles Superstar» und zweierlei «Olympische Talente», um tragische «Grenzüberschreitungen» und die «Überlebenschancen» des Homo faber, um den ägyptischen und den Julianischen Kalender und den «stündlichen Wachwechsel» der Planetengötter, um Lukullischen Tafelluxus und kosmetische Eselsmilchbäder. Fünf lakonisch knappe «Eulen aus Sparta» beschliessen den Zug dieser wieder gegen siebzig «Eulen aus Athen».

Der Redaktion der «Neuen Zürcher Zeitung» und besonders Frau Margret Mellert sei auch hier für das Gastrecht gedankt, das die «Streiflichter aus der Antike» seit so vielen Jahren in der Wochenend-Beilage der NZZ geniessen. Dem Leiter des Buchverlags der NZZ, Walter Köpfli, danke ich dafür, dass nun auch diese «Eulen aus Athen» in Zürich ein Obdach gefunden haben, und so auch dem Partner in Deutschland Ferdinand Schöningh für einen entsprechenden «Eulen»-Schlag in seinem Paderborner Verlagshaus. Ein besonderer Dank gilt schliesslich Herrn Präsident Günter Wöhrle und der Stiftung «Humanismus heute» des Landes Baden-Württemberg, die diese «Eulen»-Spiegeleien zwischen Antike und Gegenwart zu ihrer Ehren- und Freundesgabe gemacht hat.

Kilchberg am Zürichsee, im Januar 1988 Klaus Bartels

Cash and marry

Eines der Sieben Weltwunder hatten die alten Babylonier innerhalb ihrer Mauern: die Hängenden Gärten der Semiramis; ein zweites waren diese Stadtmauern selbst; ein drittes «Weltwunder», das nicht im Katalog steht, hatten sie vor ihren Toren: die Heiratsmärkte draussen auf den Dörfern. Denn auf diesen Heiratsmärkten, von denen der Grieche Herodot uns berichtet, brachten die Babylonier das Kunststück fertig, an einem einzigen Tag einen ganzen Jahrgang ihrer Töchter zu verheiraten, von der Schönsten bis zur Hässlichsten, und zwar so, dass die Männer sich um die Hässlichste nicht minder stritten als um die Schönste.

Das machten sie so: Jedes Jahr versammelten die alten Babylonier in ihren Dörfern die heiratsfähigen Mädchen zu einer öffentlichen Auktion. Diese Versteigerungen hatten das Monopol; ausserhalb der Heiratsmärkte sozusagen «schwarz» zu heiraten war verboten. Wer heiraten wollte, reich oder arm, musste sich seine Braut an der allgemeinen Auktion ersteigern.

Herodot skizziert uns die Szenerie: Im Mittelpunkt des bunten Jahrmarkttreibens die Mädchen des Jahrgangs, rings im Kreis die Männer, die heiratslustigen und die schaulustigen. Herr der Szene ist der Ausrufer, der Auktionator. Er lässt die Mädchen der Reihe nach vortreten, bietet sie aus und schlägt sie zu, eine nach der andern, bis alle an den Mann gebracht sind. «Der Reihe nach», das bedeutet hier: die Schönsten zuerst, die Hässlichsten zuletzt. Der Auktionator muss sich auf seine Ware wie auf sein Publikum verstehen; er muss die Marktchancen jedes Mädchens richtig einzuschätzen wissen.

Die Dorfschönste, Miss Babylon oder wie das Dorf gerade heisst, wird als erste ausgerufen. Zu Anfang ist dies eine Auktion der Reichsten; die Männer – auch Auswärtige dürfen den Markt besuchen – bieten und überbieten einander, bis schliesslich einer für eine stattliche Summe den Zuschlag und das Mädchen erhält. Darauf lässt der Auktionator die Zweitschönste vortreten, dann die dritte und so eine nach der anderen; und immer von neuem beginnt so, bei allmählich sich beruhigendem Marktverlauf, das Bieten und Überbieten. Die strenge Marktordnung schreibt vor, dass die Käufer ihre Bräute auf der Stelle bezahlen; und so sammelt sich beim Auktionator, von Brautkauf zu Brautkauf wachsend, ein beachtlicher Fonds.

Früher oder später, je nach der Konjunktur und der Qualität des Jahrgangs, erreicht die Auktion den Punkt, da keiner mehr recht bieten mag, da der Heiratsmarkt, wie die Börsensprache das nennt, «lustlos» wird. In dem Augenblick kehrt der Auktionator die Versteigerung um: Statt einen Kaufpreis zu fordern, bietet er nun aus dem Auktionsfonds ein Heiratsgeld, eine Mitgift; statt des Meistbietenden erhält den Zuschlag nun der Mindestfordernde. Hiess die Marktregel vorher *cash and carry*, so heisst sie jetzt *cash and marry*: Wer ein Mädchen mit Heiratsgeld ersteigert, muss einen Bürgen stellen; schliesst er die Ehe nicht oder löst er sie später wieder auf, so muss er die Mitgift zurückzahlen. Jetzt öffnet sich der Markt den Ärmsten: Je hässlicher das Mädchen ist, das einer sich nimmt, desto hübscher ist das Sümmchen, das sie ihm bringt. Wenn der Auktionator eine glückliche Hand hat, ist am Ende der Heiratsmarkt restlos geräumt und der anfangs geäufnete Fonds vollends aufgezehrt.

Von allen Bräuchen der Babylonier, urteilt der Grieche Herodot, sei dieser der vernünftigste und der schönste. Warum er so urteilt, ist leicht zu vermuten: weil dieser Brauch die vorgegebene Ungleichheit der Chancen zwischen Schön und Hässlich, Reich und Arm für diesen einen Tag ausgeglichen hat. Die Reichen haben eine Heiratssteuer gezahlt, die Armen eine Mitgift erhalten, und «die Schönen haben die Hässlichen verheiratet».

Der Meisterdieb

«Von Proteus, sagten die Priester, übernahm Rhampsinit die Königsherrschaft... Dieser König kam zu grossem Reichtum an Geld, den keiner der später lebenden Könige übertreffen konnte oder auch nur dem nahekommen. In dem Wunsch, sein Geld in Sicherheit zu verwahren, baute er sich eine Schatzkammer aus Stein, von deren Mauern eine an die Aussenseite des Palastes stiess.

Der aber den Bau ausführte, hatte seine eigenen Absichten und brachte folgendes zuwege: Einen von den Steinen richtete er sich so zu, dass er leicht aus der Mauer herausnehmbar war, sowohl von zwei Männern als auch von einem allein. Als die Schatzkammer fertiggestellt war, verwahrte der König sein Geld darin. Die Zeit verging: Da rief der Baumeister, nun am Ende seines Lebens, seine Söhne zu sich – er hatte zwei – und erzählte ihnen, wie klug er in Voraussicht für sie, dass sie ein sorgloses Leben hätten, seine Kunst gebraucht habe, als er das Schatzhaus des Königs baute. Als er ihnen alles genau beschrieben hatte, was zur Herausnahme des Steines gehörte, gab er ihnen dessen Masse und sagte dazu, wenn sie dies streng befolgten, würden sie die Schatzmeister des Königs sein.

Und der endete so sein Leben; die Söhne aber machten sich unverzüglich ans Werk. Sie gingen bei Nacht zum Königspalast, und nachdem sie an dem Gebäude den Stein aufgefunden hatten, hoben sie ihn leicht heraus und trugen eine Menge Geld mit sich fort.

Als der König einmal die Schatzkammer öffnete, wunderte er sich, wie er sah, dass in den Gefässen einiges Geld fehlte, wusste aber nicht, wen er beschuldigen sollte, da die Siegel unversehrt waren und die Kammer verschlossen. Als ihm aber auch, wie er sie zum zweiten- und drittenmal öffnete, das Geld jedesmal weniger schien – denn die Diebe hatten ihre Raubzüge nicht aufgegeben –, tat er folgendes: Er befahl, Fallen anzufertigen und diese im Kreis um die Gefässe, in denen das Geld lag, aufzustellen.

Die Diebe kamen wie in der Zeit davor, und der eine von ihnen stieg ein; doch in dem Augenblick, da er sich einem Gefäss näherte, hing er sogleich in der Falle fest. Als er erkannte, in welch übler Lage er war, rief er sogleich seinen Bruder, erklärte ihm die Lage und drängte ihn, schnellstens einzusteigen und ihm den Kopf abzuschneiden, damit er nicht – wenn er selbst gefunden und erkannt werde, wer er sei – auch ihn mit ins Verderben ziehe. Dem schien das gut überlegt, und er liess sich überzeugen und tat das, und nachdem er den Stein wieder eingefügt hatte, ging er nach Hause, mit dem Kopf des Bruders.

Als es Tag wurde und der König in die Schatzkammer trat, erschrak er, wie er den Leib des Diebes in der Falle sah, ohne den Kopf, die Kammer aber unbeschädigt, und keinen Zugang und keinen Ausstieg. In seiner Ratlosigkeit tat er folgendes: Er hängte den Leichnam des Diebes an der Mauer auf, stellte Wächter dazu und gab ihnen den Auftrag, jeden, den sie bei der Leiche weinen oder klagen sähen, zu ergreifen und vor ihn zu bringen.

Als der Leichnam da hing, nahm die Mutter das schwer; sie machte dem überlebenden Sohn Vorhaltungen und verlangte, er müsse, gleich auf welche Weise, es zuwege bringen, den Leib des Bruders abzunehmen und heimzuschaffen. Wenn er sich darum nicht kümmere, drohte sie, werde sie zum König gehen und ihn anzeigen, dass er das Geld habe.

Als die Mutter den überlebenden Sohn so in Bedrängnis brachte und dieser sie, so viel er ihr entgegenhielt, nicht bereden konnte, erfand er das folgende Kunststück. Er machte Esel marschbereit, füllte Schläuche mit Wein, packte sie den Eseln auf und trieb dann die Esel vor sich her. Als er bei den Leuten vorbeikam, die den aufgehängten Leichnam bewachten, zog er die Schläuche zurecht und löste dabei an zwei oder drei Hälsen den Verschluss. Als der Wein ausfloss, schlug er sich laut schreiend an den Kopf, als wisse er nicht, zu welchem Esel er sich zuerst wenden solle. Wie die Wächter den vielen Wein ausfliessen sahen, liefen sie miteinander auf die Strasse, brachten Gefässe und machten sich einen Spass daraus, den verschütteten Wein aufzufangen. Er aber schimpfte wie wild auf sie alle ein und tat so, als sei er zornig; als die Wächter ihm dann gut zuredeten, tat er so, als beruhige er sich allmählich und lasse von seinem Zorn ab; schliesslich trieb er die Esel von der Strasse herunter und packte wieder auf. Als nun ein Wort das andere gab und einer sogar seinen Spott an ihm ausliess und ihn zum Lachen brachte, gab er ihnen von den Schläuchen einen ab; und die hatten im Sinn, an Ort und Stelle, wie sie waren, sich hinzulagern und zu trinken, und den Eseltreiber luden sie dazu ein und drängten ihn, bei ihnen zu bleiben und mitzutrinken, und der liess sich schliesslich bereden und blieb da. Wie sie ihm beim Trinken mit freundlichen Reden begegneten, gab er ihnen noch einen zweiten von den Schläuchen ab; und da die Wächter dem Wein reichlich zusprachen, waren sie bald völlig betrunken und fielen, von der Müdigkeit überwältigt, an Ort und Stelle, wo sie tranken, in Schlaf. Er aber nahm, als es spät in der Nacht war, den Leib seines Bruders ab und scherte den Wächtern zum Hohn allen die rechte Wange; dann packte er den Leichnam auf die Esel und trieb sie zurück nach Hause: So hatte er der Mutter das Verlangen erfüllt.

Der König geriet ausser sich, als ihm gemeldet wurde, der Leichnam des Diebes sei gestohlen. Da er um jeden Preis entdecken wollte, wer dieser Mensch sei, der das zuwege bringe, tat er folgendes (was mir allerdings nicht glaubhaft scheint): Seine eigene Tochter setzte er in ein Gemach und trug ihr auf, sie solle alle Männer ohne Unterschied empfangen und vor dem Zusammensein nötigen zu sagen, was nun in seinem Leben seine schlauste Tat gewesen sei und was seine abscheulichste. Der aber die Diebsgeschichte erzähle, den solle sie ergreifen und nicht entkommen lassen.

Als die Tochter tat, was ihr Vater von ihr verlangte, erfuhr der Dieb, weswegen dies veranstaltet wurde; er wollte nun den König an Raffinement noch übertreffen und tat folgendes: Von einem frischen Leichnam schnitt er an der Schulter den Arm ab und ging hin, mit dem Arm unter dem Mantel. Als er zu der Königstochter hineinkam und das gleiche gefragt wurde wie die anderen, erzählte er, das Abscheulichste habe er getan, als er seinem Bruder, wie der im Schatzhaus des Königs in der Falle gefangen war, den Kopf abschnitt, das Schlauste, als er die Wächter betrunken machte und den aufgehängten Leichnam des Bruders abnahm. Als die das hörte, griff sie nach ihm. Der Dieb aber streckte ihr in der Dunkelheit den Arm des Toten hin; sie bekam ihn zu fassen und hielt ihn fest, im Glauben, an der eigenen Hand des anderen zu ziehen. Der Dieb aber liess ihr den Arm des Toten, entwich durch die Tür und war verschwunden.

Als auch das dem König berichtet wurde, erschrak er über das Raffinement und die Kühnheit des Mannes. Schliesslich sandte er Boten in alle Städte und liess verkünden, er gewähre dem Dieb Straffreiheit und verspreche ihm grosse Geschenke, wenn er ihm vor Augen trete. Der Dieb vertraute darauf und kam zu ihm; und Rhampsinit staunte gewaltig über ihn und gab ihm diese Tochter zur Frau, da er am meisten Verstand habe von allen Menschen: Denn die Ägypter seien allen anderen überlegen, er aber allen Ägyptern.»

Herodot

Ein zweiter Herakles Superstar

Unter den Olympioniken der Antike finden sich gekrönte Häupter – Könige und Kaiser, die mit ihren Gespannen im Wagenrennen siegten –, aber auch ungekrönte Könige. Einer von diesen ist der «Ringerkönig» Milon von Kroton, der seine «Herrschaft» über die Olympischen Spiele bei den 60. Spielen im Jahre 540 v.Chr. mit einem vielversprechenden Sieg im Ringkampf der Jugendlichen begründete und erst sieben Olympiaden später, im Jahre 512 v.Chr., durch eine Niederlage gegen seinen krotoniatischen Landsmann Timasitheos wieder verlor. Milon war der erste «Periodonike», wie später der Ehrentitel für die Erfolgreichsten lautete: der erste «*All-round*-Sieger» sozusagen, der bei allen vier großen gesamtgriechischen Spielen zugleich Siege errang: sechs in Olympia, sechs bei den Pythischen Spielen in Delphi, zehn bei den Isthmien auf der Landenge von Korinth und neun in Nemea, der Heimat des nemeischen Löwen.

Milon war schon für seine Zeitgenossen einfach unwiderstehlich, und die Legende erhob ihn vollends zum Superman und Superstar. Vor seiner Siegerstatue im Heiligen Bezirk von Olympia wussten die Fremdenführer später von den unglaublichsten Kraftproben des berühmten Athleten zu berichten. Die lebensgrosse Bronzestatue, ein Werk seines Landsmannes Dameas, sollte Milon eigenhändig aus der Werkstätte des Erzgiessers an ihren Standort getragen haben. Weiter: Einen reifen Granatapfel hielt Milon so fest umschlossen, dass keiner, der's versuchte, ihm die Frucht aus der Hand zu winden vermochte (ausser seiner Geliebten, setzt ein späterer Erzähler hinzu) – und das, ohne dass die empfindliche Frucht danach die geringste Druckstelle zeigte. Oder: Milon stellte sich auf einen Diskus und goß obendrein – das i-Tüpfelchen auf der Attraktion – noch sein Ölgefäss darüber aus. Eine Kleinigkeit, so schien es, ihn von dieser wackligen, ölglatten Standfläche hinunterzustossen; aber auch bei diesem Kraftakt behielt Milon die Lacher regelmässig auf seiner Seite. Oder schliesslich: Milon streckte den rechten Unterarm und die flache Hand vor, den Daumen nach oben gerichtet, die übrigen Finger gerade ausgestreckt, und wieder konnte kein Herausforderer mit Einsatz aller seiner Kräfte dem grossen Ringer den kleinen Finger krümmen.

Woher hatte Milon diese Bärenkräfte? Eine Legende erklärt die andere: Als junger Mensch – dies finden wir bei dem Rhetorikprofessor Quintilian – pflegte Milon täglich mit einem jungen Stierkalb zu trainieren. Er hob das Kalb auf seine Schultern und trug es eine Strecke weit fort; das Tier wurde von Tag zu Tag schwerer, aber zugleich wuchsen auch Milons Kräfte. Milon muss lange Zeit mitgehalten haben; denn später – so lesen wir dann bei dem Buntschriftsteller Athenaios – soll er einmal in Olympia einen vierjährigen Stier durch das Stadion getragen, mit eigener Hand dort geschlachtet und noch am gleichen Tag aufgegessen haben. Die riesigen Fleischmengen, die Milon und seinesgleichen verzehrten, waren allerdings sprichwörtlich. Ein Zeitgenosse und Namensvetter des Pythagoras, der sich damals in Kroton als Sportarzt einen Namen machte, hatte kurz zuvor die Athletendiät von gedörrten Feigen auf Steaks, Steaks und noch einmal Steaks umgestellt. Milons Tagesration dieser neuen Diät bemass sich nach einem Zeugnis aus späterer Zeit auf runde zehn Kilo Fleisch, zehn Kilo Brot und zehn Liter Wein.

Ein ungekrönter König war dieser Milon aber nicht nur in Olympia, sondern auch in seiner Heimatstadt Kroton in Süditalien. Er stand dort dem Kreis der Pythagoreer nahe, die zu der Zeit in der Stadt das Regiment führten. Einmal – so berichtet uns der Geograph Strabon – brach die tragende Säule des Hauses zusammen, in dem der Pythagoreische Freundeskreis sich versammelt hatte; doch Milon stemmte sich als eine lebende stützende Säule dem Einsturz des Daches entgegen, bis die Freunde sich in Sicherheit gebracht hatten.

Im Krieg der Krotoniaten gegen die benachbarten Sybariten schritt Milon der krotoniatischen Streitmacht als ein «zweiter Herakles» voran: das Löwenfell, wie Herakles es bei Nemea erbeutete, über den Rücken geworfen, in der Hand die Keule, auf dem Haupt den olympischen Siegeskranz. Die Krotoniaten siegten; Sybaris wurde völlig zerstört und niemals wieder aufgebaut. Milon war der erste Olympiasieger, in dem die Zeitgenossen einen zweiten Herakles sahen, aber er ist nicht der einzige geblieben. Für die Antike war vom Olympioniken zum Heroen nur ein kleiner Schritt, und zumal zu Herakles, dem der Mythos die erste Gründung der Olympischen Spiele und die ersten Olympiasiege zuschrieb.

Die Königstöchter im Märchen machen allemal eine gute Partie. Die Tochter dieses ungekrönten «Ringerkönigs» wurde die Gattin eines anderen berühmten Krotoniaten: des Arztes Demokedes, der zuerst am Hof des samischen Tyrannen Polykrates und nach dessen Ermordung gezwungenermassen am Hof des Perserkönigs Dareios gelebt hatte, bis schliesslich eine Erkundungsmission in den griechischen Westen ihm die Chance eines Absprungs in die Freiheit und in die Heimat bot. Als die persischen Begleiter und zugleich Bewacher den ihnen anvertrauten Griechen damals doch noch zur Rückkehr an den Perserhof bewegen wollten, lehnte Demokedes ab und liess dem Dareios melden, er sei jetzt der Schwiegersohn des grossen Olympioniken Milon. «Denn», so schliesst unser Gewährsmann Herodot diese Erzählung ab, «der Name des Ringers Milon hatte auch beim Perserkönig grosses Gewicht.»

Kuhhandel mit Rennpferden

Als bei den 25. Olympischen Spielen der Antike im Jahre 680 v. Chr. neben dem «Stadion»-Lauf über knapp 200 Meter, dem «Doppelflöten»-Lauf über knapp 400 Meter, einem Langlauf über 20 oder 24 «Stadien», dem Fünfkampf, dem Ringkampf und dem Faustkampf erstmals auch das Wagenrennen mit dem Viergespann ausgetragen wurde, war mit diesem Kampf der Wagen und Gespanne unversehens die hohe Politik in Olympia ins Spiel und in die Spiele gekommen. Denn das Wagenrennen mit dem Viergespann, bei dem ja nicht der Wagenlenker, sondern der Besitzer des Viergespanns zum Sieger ausgerufen wurde, war ein Wettkampf der Reichen und Superreichen; einen Rennstall zu unterhalten war damals wie heute ein teures Hobby.

So traten denn im 6. und 5. Jahrhundert v. Chr. die jungen Tyrannen mit den alten Adelsherren wie auf der heimischen Agora so im olympischen Hippodrom in förmliche «Konkurrenz». Ein Viergespannsieg in Olympia stand an der politischen Börse jener Zeit wenigstens so hoch im Kurs wie ein Orakelspruch aus Delphi; dass er im politischen Geschäft auch seinen handgreiflichen Marktwert haben konnte, bezeugt uns der merkwürdige Vertrag, den der athenische Adlige Kimon mit dem athenischen Tyrannen Peisistratos im Vorfeld oder am Rande der Olympischen Spiele des Jahres 532 v. Chr. ausgehandelt hat.

Nach Miltiades, dem Sohn des Kypselos, und seinem Halbbruder Kimon, dem Sohn des Stesagoras, die mit ihren Viergespannen in den Jahren 560 und 536 v. Chr. in Olympia gesiegt hatten, wurde bei den folgenden Olympischen Spielen des Jahres 532 v. Chr. auch Peisistratos, der mächtige Gegenspieler dieser athenischen Adelsherren, zum Sieger im Wagenrennen mit dem Viergespann ausgerufen. Doch mit dem Sieg des Peisistratos hatte es seine besondere Bewandtnis. Eigentlich ist dieser Kimon nach seiner Vertreibung durch Peisistratos insgesamt dreimal nacheinander, in den Jahren 536, 532 und 528 v. Chr., in Olympia Sieger im Wagenrennen mit dem Viergespann geworden, und sogar dreimal nacheinander mit ein und demselben Viergespann; doch mit dem zweiten Sieg hat sich der vertriebene Adlige von dem mächtigen Tyrannen die Rückkehr in seine Vaterstadt erkauft. Nur wenige Jahrzehnte später berichtet der griechische Historiker Herodot in Zusammenhang mit dem Sieg des Miltiades, des Sohnes dieses Kimon, bei Marathon im Jahre 490 v. Chr. auch über diese Siege des Vaters in Olympia:

«Der Vater des Miltiades, Kimon, der Sohn des Stesagoras, hatte vor Peisistratos, dem Sohn des Hippokrates, aus Athen fliehen und ins Exil gehen müssen. Und noch während er im Exil war, hatte er das Glück, bei den Olympischen Spielen einen Sieg im Wagenrennen mit dem Viergespann zu erringen, und indem er diesen Sieg errang, den gleichen olympischen Ruhm davonzutragen wie zuvor sein von derselben Mutter stammender Bruder Miltiades. Als er dann bei den folgenden Olympischen Spielen mit den gleichen Pferden noch einmal siegte, trat er die Ehre, als Sieger ausgerufen zu werden, an Peisistratos ab und durfte dafür, dass er diesem den Sieg überliess, wieder auf seine attischen Besitzungen zurückkehren, aufgrund einer vertraglichen Abmachung. Und als er dann mit den gleichen Pferden bei den Olympischen Spielen noch einen dritten Sieg errungen hatte, fand er schliesslich durch die Söhne des Peisistratos den Tod, als Peisistratos selbst schon nicht mehr lebte; diese liessen ihn in der Nähe des Rathauses im Dunkel der Nacht durch gedungene Leute ermorden. Begraben ist Kimon vor der Stadt, jenseits der „durch die Senke“ genannten Strasse. Ihm gegenüber sind auch die Pferde begraben, die dreimal nacheinander bei den Olympischen Spielen gesiegt haben.

Das gleiche wie sie haben auch schon andere Pferde geleistet, die des Lakedämoniers Euagoras, mehr als sie aber keine anderen.»

Noch sechs oder sieben Jahrhunderte später spricht Plutarch in seiner Biographie des älteren Cato von dem Grabmal dieser Rennpferde und rühmt die Treue ihres Herrn gegenüber dem Gespann, das ihm den Ruhm dreier Olympiasiege und die Rückkehr in die Heimat eingefahren hatte, und noch etwas später nennt Aelian in seiner «Bunten Geschichte» ein Bronzestandbild dieses Viergespanns, das wohl auf dem Grabmal aufgestellt gewesen ist. Nicht einmal aus dem Bericht des fast zeitgenössischen Herodot ist ein Unterton von Empörung über Kimons politischen Kuhhandel mit olympischen Rennpferden herauszuhören. Warum auch? Olympiaverdächtige Viergespanne werden oft genug noch rechtzeitig vor den Spielen ihre Besitzer gewechselt haben; und die Zeitgenossen wie der Historiker haben wohl eher die Klugheit bewundert, mit der Kimon seinen olympischen Ruhm in politisches Kapital umzumünzen, kurz: mit seinem Rennstall Politik zu machen verstand.

Astylos «von Syrakus»

Fünfundzwanzig Olympiaden oder ein volles Jahrhundert lang, von den 48. Spielen im Jahre 588 v. Chr. bis zu den 73. Spielen im Jahre 488 v. Chr., beherrschten die Wettkämpfer aus der achäischen Kolonie Kroton an der Sohle des italienischen Stiefels die olympische Szene oder vielmehr das olympische Stadion. In den letzten zwölf Olympiaden dieser Zeitspanne hat es nur einmal, im Jahre 500 v. Chr., unter den Siegern keinen einzigen Wettkämpfer aus Kroton gegeben, und ein andermal soll die krotoniatische Mannschaft gar – Athletenlatein? – in sämtlichen Wettkämpfen den Sieg davongetragen haben. «Der letzte unter den Krotoniaten ist unter den übrigen Griechen der erste», prahlten die Überglücklichen damals. Und so schien es tatsächlich: Als der bis an den Perserhof berühmte und geradezu als ein «zweiter Herakles» verehrte Ringer Milon von Kroton nach sechs aufeinanderfolgenden Olympiasiegen, schon in seinen Vierzigern, im Jahre 512 v. Chr. schliesslich einem Jüngeren unterlag, war auch der Sieger wieder ein Landsmann, ein Krotoniate.

So interessant wie unrühmlich ist das Ende dieser einzigartigen hundertjährigen Erfolgssträhne. Als den letzten Olympiasieger aus Kroton verzeichnet die olympische Siegerliste den Läufer Astylos, der bei den 73. Spielen im Jahre 488 v. Chr. im «Stadion»-Lauf über knapp 200 Meter siegte. Dieser selbe Astylos wurde zwar auch an den beiden folgenden Olympiaden in den Jahren 484 und 480 v. Chr. wieder Sieger im «Stadion»-Lauf, doch nun erscheint er in der Olympionikenliste nicht mehr als Astylos «von Kroton», sondern als Astylos «von Syrakus». Pausanias bemerkt dazu vornehm, Astylos habe sich dem syrakusanischen Tyrannen Gelon «zu Gefallen» als Syrakusaner ausrufen lassen. «Zu Gefallen»? Offenkundig hatte Gelon (Pausanias nennt an der

Stelle irrtümlich dessen Bruder Hieron) seinerseits dem vielversprechenden Olympiasieger ein nicht ungefälliges Angebot gemacht, und Astylos hatte dafür seine krotoniatische Staatsbürgerschaft gegen die syrakusanische eingetauscht. Die enttäuschten Krotoniaten, denen Astylos derart schnöde den Rücken gekehrt hatte, gaben ihre Empörung über den entlaufenen Läufer in sprechenden Gewaltakten kund: Sie stürzten die kurz zuvor im Heiligtum der Hera Lakinia aufgestellte Siegerstatue des Astylos um, als gelte es, den eben noch so hoch geehrten Mitbürger nun eilends wieder zu vergessen, und sie plünderten sein Haus und richteten darin ein Gefängnis ein, als hofften sie, den Landesflüchtigen wieder einzufangen und darin einzusperren.

Um so eher konnte sich Gelon, der Tyrann von Syrakus, seines Handels freuen: Astylos siegte ein zweites und ein drittes Mal, und nun für Syrakus, bei den 74. und den 75. Olympischen Spielen in den Jahren 484 und 480 v. Chr. im «Stadion»-Lauf über knapp 200 Meter und das dritte Mal auch noch im «Doppelflöten»-Lauf über knapp 400 Meter und wohl auch im Waffenlauf über die gleiche Strecke. Und als wäre es damit noch nicht genug, trug auch Gelon selbst bei diesen 75. Spielen im Jahr 480 v. Chr. einen Sieg im Wagenrennen mit dem Viergespann davon. Es war fast, als ob der olympische Zeus, der so lange Zeit ein Krotoniate gewesen war, nun zum Syrakusaner geworden sei. Die Krotoniaten jedenfalls konnten in der Folge keinen einzigen olympischen Sieg mehr feiern; der erste Sieg des Astylos, damals noch «von Kroton», im Jahre 488 v. Chr. ist der letzte der sieggewohnten Stadt geblieben.

Aus demselben Jahr 480 v. Chr., in dem die Perser mit erdrückender Übermacht in Griechenland einfielen und gleichzeitig ein starkes karthagisches Heer die griechischen Kolonien in Sizilien bedrängte, berichtet Herodot eine für das Selbstverständnis der Griechen in jener Zeit bezeichnende Episode. Die Szene spielt nach der Schlacht bei den

Thermopylen, vor der Seeschlacht bei Salamis. Einige arkadische Überläufer werden dem Perserkönig Xerxes vorgeführt. Ein Perser fragt sie, was die Griechen jetzt unternähmen; die Überläufer erwidern, sie feierten die Olympischen Spiele und betrachteten die Wettkämpfe der Athleten und der Renngespanne. Der Perser fragt weiter, welche Preise denn ausgesetzt seien, um die sie dort kämpften; darauf nennen die Leute den Kranz vom Ölbaum, den man den Olympiasiegern gibt. Da kann Tritanchaichmes, ein naher Verwandter des Grosskönigs, nicht länger schweigend zuhören; zu dem Kriegstreiber Mardonios gewendet, ruft er aus: «Wehe, Mardonios, gegen was für Männer hast du uns in den Kampf geführt: denen es in ihren Wettkämpfen nicht um Geld und Gut, sondern einzig darum geht, der Beste zu sein!»

Die Ironie der Geschichte wollte es, dass ausgerechnet unser Astylos «von Syrakus» diesen 75. Olympischen Spielen des griechischen Schicksalsjahres 480 v. Chr. als der Sieger im «Stadion»-Lauf seinen Namen geben sollte.

Olympische Talente

Seinen ersten olympischen Sieg, einen Sieg im Faustkampf, errang der Superman und Superstar Theogenes von Thasos bei den denkwürdigen 75. Spielen im Jahr des Xerxeszuges 480 v. Chr., wohl nur wenige Tage nach dem Opfertod des Leonidas und seiner dreihundert Spartaner bei den Thermopylen, wenige Wochen vor der entscheidenden Seeschlacht bei Salamis. Es waren dieselben 75. Spiele, bei denen Astylos von Kroton alias «von Syrakus» zum drittenmal Sieger im «Stadion»-Lauf und Gelon, der Tyrann von Syrakus, Sieger im Wagenrennen mit dem Viergespann wurde, wiederum nur wenige Wochen bevor dieser Gelon gemeinsam mit Theron, dem Tyrannen von Akragas, eine mit dem Perserzug abgestimmte karthagische Invasion bei Himera zerschlug.

Einen zweiten olympischen Sieg, dieses Mal im «Pankration», im «Allkampf», wo ausser Beissen und Kratzen alles erlaubt war, errang Theogenes bei den folgenden 76. Spielen im Jahre 476 v. Chr. Wie vor ihm als einziger der Ringkämpfer Milon von Kroton, dieser «zweite Herakles», erkämpfte sich Theogenes den Ehrentitel eines «Periodoniken», eines «Zyklussiegers» bei allen vier grossen Spielen in Olympia, in Delphi, am Isthmos von Korinth und in Nemea. Eine delphische Inschrift rühmt seine Erfolge: In Olympia sei er als erster sowohl im Faustkampf als auch im Pankration Sieger geworden (was dann erst zweieinhalb Jahrhunderte später einem zweiten gelang); bei den Pythischen Spielen in Delphi habe er dreimal den Sieg im Faustkampf errungen, einmal sogar kampflos, da kein anderer gegen ihn anzutreten wagte; am Isthmos und in Nemea, wo die Wettkämpfe alle zwei Jahre ausgetragen wurden, habe er hier neunmal, dort zehnmal im Faustkampf gesiegt, und bei den Isthmischen Spielen gar einmal an ein und demselben Tag sowohl im Faustkampf als auch im Pankration. Dreizehnhundertmal im ganzen, so schliesst die Inschrift, sei dieser Theogenes als Sieger bekränzt worden, und im Faustkampf sei er während zweiundzwanzig Jahren keinem einzigen Herausforderer unterlegen.

Einen Doppelsieg im Faustkampf und im Pankration, wie der Mythos von der ursprünglichen Stiftung der Olympischen Spiele ihn auch dem Herakles zuschreibt, hatte Theogenes auch bei jenen 75. Olympischen Spielen im Jahre 480 v. Chr. erringen wollen. Er hatte sich für beide Wettkämpfe gemeldet, war dann aber zum Pankration nicht mehr angetreten. Das hatte ein interessantes Nachspiel; Pausanias berichtet uns davon:

«Nachdem Euthymos von Lokroi Epizephyrioi bei den 74. Olympischen Spielen den Sieg im Faustkampf errungen hatte, gelang im dies bei den folgenden Spielen nicht mehr. Denn Theogenes von Thasos, der sich damals zum Ziel gesetzt hatte, bei denselben Spielen sowohl im Faustkampf als auch im Pankration Sieger zu werden, trug tatsächlich im Faustkampf den Sieg über Euthymos davon. Im Pankration dagegen konnte auch Theogenes den Siegeskranz danach nicht mehr gewinnen, da er vom Faustkampf noch zu sehr erschöpft war. Daher erlegten die Kampfrichter ihm eine Busse in Höhe von einem Talent Silber zugunsten des Gottes auf und eine zweite Busse in gleicher Höhe zugunsten des Euthymos, da sie den Eindruck hatten, dass Theogenes sich einzig aus Missgunst gegen diesen zum Faustkampf gemeldet habe. Die von den Kampfrichtern dem Gott zugesprochene Geldsumme bezahlte Theogenes bei den 76. Olympischen Spielen; mit Euthymos dagegen schloss er einen Vergleich: Er meldete sich bei diesen Spielen nicht zum Faustkampf, und in der Folge fiel der Siegeskranz in diesem Wettkampf bei diesen und den folgenden Olympischen Spielen dem Euthymos zu.»

Immerhin konnte sich Theogenes bei diesen 76. Olympischen Spielen mit einem Sieg im Pankration schadlos halten. Später ist er in Olympia offenbar nicht mehr aufgetreten. War er durch seinen faulen Vergleich mit Euthymos dort zur *persona non grata* geworden? Oder war umgekehrt Olympia ihm durch die doppelte Geldbusse zur *arena non grata* geworden? Um so besessener kursierte dieser Olympionike jahraus, jahrein, landauf, landab von Wettkampf zu Wettkampf, wo er Siege und Preise zu Dutzenden und Hunderten scheffelte: dreizehnhundert nennt die Inschrift, Pausanias vierzehnhundert, Plutarch runde zwölfhundert. Anders als in Olympia oder Delphi, wo die Sieger lediglich einen Oliven- oder Lorbeerzweig erhielten, wurden an den lokalen Wettkämpfen die Siegespreise oft in klingender Münze ausbezahlt; das mag auch die erstaunliche Höhe der olympischen Strafen von zweimal einem Talent oder gut 26 Kilogramm Silber erklären.

Die Zeitgenossen jedenfalls haben es diesem wahren Professionellen keineswegs verargt, wie gewinnträchtig er seinen olympischen und delphischen Siegerruhm auf provinziellen Wettkämpfen vermarktete. Einer Mahnung des delphischen Orakels folgend, erhoben die Thasier ihren Mitbürger nach dessen Tode zum Heros, und noch Jahrhunderte später bezeugt Pausanias, dass dieser Theogenes nicht nur auf Thasos, sondern auch anderswo bei Griechen und Barbaren als heilender Heros verehrt wurde.

Vom Handicap zum Siegeskranz

Bei seinem anekdotenreichen Rundgang durch die illustre Versammlung der Siegerstatuen im Heiligen Bezirk des Olympischen Zeus hält Pausanias, der «Baedeker der Antike», im Vorübergehen auch bei dem Standbild eines anderweitig unbekannten Hysmon von Elis für einen Augenblick inne. Dieser Athlet aus der elischen Nachbarschaft hatte bei den 104. Olympischen Spielen im Jahre 364 v. Chr. im Fünfkampf sozusagen einen «Heimsieg» errungen und war dann in dieser vielseitigen Diskuswurf, Weitsprung, Speerwurf, Stadionlauf und Ringkampf umfassenden Disziplin auch bei den Nemeischen Spielen am Isthmos von Korinth nochmals Sieger geworden. Nach der Nennung dieser Wettkampfsiege merkt Pausanias mit deutlichem Erstaunen an:

«Dieser Hysmon soll folgendermassen zu seinen Erfolgen gekommen sein: Während der spätere Olympionike noch im Knabenalter stand, sei ihm das Rheuma mächtig in Glieder und Gelenke gefahren, und daraufhin habe er damals das Training für den Fünfkampf aufgenommen, um durch die vielseitigen Anstrengungen später im Mannesalter gänzlich gesund und gegen jegliche Erkrankung gefeit zu sein. Doch am Ende sollte ihm dieses Fünfkampftraining sogar noch glanzvolle Siege einbringen!»

Der Fünfkämpfer Hysmon von Elis ist indessen nicht der einzige alte Grieche gewesen, der es aus der Überwindung eines körperlichen Handicaps zu leichtathletischen Spitzenleistungen und am Ende sogar zum Wettstreit um den Olympischen Ölzweig gebracht hat. In seiner Demosthenesbiographie erwähnt Plutarch wiederum *en passant* einen wiederum sonst unbekannten Langstreckenläufer Laomedon von Orchomenos, der irgendwelche Milzbeschwerden offenbar erfolgreich mit einem Fitness-Jogging-Programm kurierte und darüber unversehens in die «Spitzenklasse der Langstreckenläufer» aufstieg:

«Wie man erzählt, hat Laomedon von Orchomenos anfänglich nur zur Abwehr eines Schwächezustands, der von einer gestörten Milzfunktion herrührte, auf den Ratschlag seiner Ärzte hin regelmässig Läufe über lange Strecken unternommen; nachdem er derart unter grossen Anstrengungen seine Gesundheit gefestigt hatte, ist er darauf zum Angriff auf die panhellenischen Kranzwettkämpfe angetreten und dort schliesslich in die Spitzenklasse der Langstreckenläufer aufgestiegen.

Gerade so ist es auch dem Demosthenes ergangen: Nachdem er zu Anfang lediglich um der Zurückgewinnung seines väterlichen Erbes willen in die Ringerschule der Rhetorik eingetreten war und sich in diesen forensischen Wortgefechten vor Gericht seine bezwingende Redegewalt und Überzeugungskraft erworben hatte, belegte er fortan auch in den politischen „Kranzwettkämpfen" vor dem Volk unter allen Bürgern, die auf der Rednerbühne zum Wettstreit gegeneinander antraten, den ersten Rang.»

Ein Olympiasieger h.c.

«Zum Kampf der Wagen und Gesänge» zieht Ibykus, der Sänger, in Schillers Ballade den Isthmischen Spielen «auf Korinthus' Landesenge» entgegen. «Kampf der Wagen und Gesänge» – das hätte man von den Olympischen Spielen nicht sagen können: Ein Wagenrennen gab es dort wohl, indessen keinen Sängerwettstreit; musische Wettkämpfe, wie sie in Delphi und andernorts neben den athletischen und hippischen Disziplinen seit alters Tradition waren, haben in Olympia bis zuletzt, über mehr als ein Jahrtausend hinweg, niemals auf dem regulären Programm der Spiele gestanden. Mit einer bezeichnenden Ausnahme: dazu kam es im Jahre 67 n.Chr., als Kaiser Nero seine Sängerlaufbahn mit einer Konzerttournee durch die vier grossen griechischen Kultfeste krönte. Eigentlich hätten diese 211. Spiele bereits im Jahre 65 n.Chr. stattfinden sollen; aber auf Wunsch des Kaisers waren die Olympischen und die Pythischen, die Isthmischen und die Nemeischen Spiele allesamt auf das Jahr dieser kaiserlichen Konzertreise zusammengelegt worden – «als ob die Olympischen Spiele», so mokierte sich damals ein Spottvogel, «nicht dem Zeus, sondern ihm zu Ehren gefeiert würden.»

Dem Kaiser zu Ehren wurden nun jedenfalls auch in Olympia musische Wettkämpfe ins Programm dieser verschobenen und verschaukelten Spiele aufgenommen. In den ersten Jahren nach seinem Regierungsantritt hatte sich Nero – sein Biograph Sueton breitet diese kaiserlichen Eskapaden genüsslich vor uns aus – von dem bedeutendsten Kitharöden seiner Zeit, einem Griechen mit dem Künstlernamen «Terpnos», der «Erfreuende», zu einem geschulten Sänger und Kitharaspieler ausbilden lassen. Doch «Musik im Verborgenen», so pflegte Nero mit einem griechischen Sprichwort zu sagen, «findet keine Wertschätzung», und so trat er bald öffentlich auf, zuerst in Neapel, dann auch in der Hauptstadt. Der Kaiser auf der Bühne, in Kostüm und Maske – das war selbst für das abgebrühte hauptstädtische Publikum noch etwas Neues. Einmal, als Nero in der Titelrolle eines «Rasenden Hercules» in Ketten gelegt wurde, stürzte ein literarisch nur schwach beschlagener Rekrut der Leibwache hinzu, um seinen Kaiser herauszuhauen – nichts könnte die Paradoxie dieses Rollenwechsels vom Herrn der Welt zum Bühnenstar eindrucksvoller illustrieren als dieser köstliche Zwischenfall.

Die Konzerttournee durch die griechische Heimat der klassischen Tragödie zu den traditionsreichen gesamtgriechischen Spielen in Olympia, in Delphi, am Isthmos und in Nemea machte die Groteske vollkommen. Die griechischen Städte, die seit alters musische Wettkämpfe ausschrieben, hatten den Kaiser auf eine aussergewöhnlich ehrerbietige Weise zu ihren Spielen eingeladen: Sie hatten ihm zusammen mit der Einladung zur Teilnahme sogleich auch die sämtlichen für Kitharöden ausgesetzten Siegerkränze vorweg überreichen lassen.

Neros Lampenfieber und seine Unsicherheit gegenüber den Konkurrenten und den Kampfrichtern wurden dadurch allerdings keineswegs vermindert. Während eines gesanglichen Vortrags aus einer griechischen Tragödie, so berichtet Sueton weiter, liess Nero einmal aus Versehen das Szepter aus der Hand zu Boden fallen. Er hob es sogleich wieder auf, fürchtete aber doch ernsthaft, die Kampfrichter würden ihn wegen dieses Kunstfehlers von der weiteren Teilnahme an dem Wettkampf ausschliessen, und liess sich erst wieder beruhigen, als sein Partner ihm zuschwor, das Malheur sei unter den enthusiastischen Beifallskundgebungen des Publikums unbemerkt geblieben.

Für dieses Publikum waren die kaiserlichen Galavorstellungen nicht weniger strapaziös als für den Hauptakteur selbst. Kein Zuhörer durfte, während der Kaiser sang, das

Theater verlassen; es heisst, schwangere Frauen hätten unter seinen Darbietungen im Theater gebären müssen, und viele Zuhörer seien schliesslich, der unaufhörlichen Beifallsklatscherei müde, klammheimlich irgendwo über die Mauer hinabgeklettert oder -gesprungen oder hätten sich geradezu totgestellt, um auf diese Weise hinauszukommen.

Dagegen war das Wagenrennen schon ein kurzweiligeres Schauspiel. Statt des traditionellen Viergespanns brachte Nero in Olympia ein Gespann von zehn Pferden an den Start und lenkte den Wagen – auch dies gegen alle Tradition – eigenhändig durch die Rennbahn. Es war ein glückloses Rennen. Nero wurde aus dem Wagen geschleudert; man hob ihn wieder hinauf, aber auch diese Nachsicht half nichts: Nero hielt das anstrengende Rennen nicht durch und musste vor der Schlussrunde aufgeben. Die Kampfrichter beim Wagenrennen meisterten die peinliche Situation mit gleicher Souveränität wie vorher ihre Kollegen beim Sängerwettstreit: Sie spielten auch diese kaiserliche Tragikomödie glücklich zu Ende und erklärten Nero nichtsdestoweniger auch hier zum Olympiasieger *honoris causa*.

Der Kaiser revanchierte sich für diese olympische Weitherzigkeit mit kaiserlicher Grosszügigkeit: Er schenkte der Provinz im ganzen die Freiheit, was immer das bedeuten mochte, und seinen Kampfrichtern persönlich das römische Bürgerrecht und grössere Geldsummen, und er liess es sich nicht nehmen, diese Gastgeschenke wie vorher seine Wettkampf-«Siege» bei den Isthmischen Spielen mitten im Stadion als sein eigener Herold zu verkünden.

Die Rückkehr des Kaisers nach Italien und in die Hauptstadt gestaltete sich zu einem wirklichen und wahrhaftigen Triumphzug. In Neapel, der Stadt, die sein Debüt als Sänger erlebt hatte, riss man nach klassischem griechischem Brauch ein Stück der Stadtmauer zum festlichen Empfang des Olympiasiegers ein. In Rom hielt er auf dem ehrwürdigen Triumphwagen des Augustus seinen Einzug: den olympischen Siegerkranz vom heiligen Ölbaum auf dem Haupt, den delphischen Lorbeerkranz seiner pythischen Siege in der Hand; ihm voraus schritt ein prächtiger Triumphzug mit den übrigen Siegestrophäen seines griechischen Sängerkrieges. Grosse Schrifttafeln nannten, wie bei römischen Triumphen üblich, die hauptsächlichen Schlachtorte: Olympia, Delphi, den Isthmos von Korinth und Nemea, die griechischen Tragödien, mit denen der Kaiser seine Siege errungen hatte, und die unterworfenen Völkerschaften der griechischen Kitharöden und Wagenlenker.

Menschenglück und Götterneid

Am Anfang seiner Kroisos-Geschichte lässt Herodot den athenischen Staatsmann und Gesetzgeber Solon, einen der Sieben Weisen, bei dem sagenhaft reichen und weithin mächtigen Lyderkönig in Sardes einkehren. Am dritten oder vierten Tag lädt Kroisos seinen Gast ein, die königlichen Schatzkammern zu besichtigen; dann fragt er ihn, welcher Mensch von allen, die er, der Weitgereiste, Welterfahrene, kennengelernt habe, wohl der glücklichste sei. Aber anstelle des erwarteten nennt Solon, «dem König nicht im geringsten schmeichelnd, sondern sich an das Gegebene haltend», nur ganz unbekannte Namen: zuerst den Athener Tellos, der nach einem erfüllten Leben im Kampf für seine Vaterstadt fiel, dann die Brüder Kleobis und Biton, denen Hera nach einer die Göttin wie die Mutter der beiden ehrenden Tat in ihrem Heiligtum den Tod schenkte. Als Kroisos schliesslich auffährt: «Und mein Glück verwirfst du so gänzlich, als wäre es nichts?», erwidert Solon:

«Kroisos, du fragst mich – einen, der weiss, dass das Göttliche ganz und gar missgünstig und umstürzend ist – nach Menschendingen. In der langen Zeit eines Lebens muss einer vieles mitansehen, was er nicht will, vieles auch selbst erleiden. Denn auf siebzig Jahre veranschlage ich die Länge des Menschenlebens. Diese siebzig Jahre haben fünfundzwanzigtausend und zweihundert Tage, wenn es keinen Schaltmonat gibt. Wenn aber jedes zweite Jahr regelmässig einen Monat länger wird, damit die Jahreszeiten sich zur richtigen Zeit einstellen, kommen dazu Schaltmonate über die siebzig Jahre hin fünfunddreissig, Tage aus diesen Monaten eintausend und fünfzig. Von allen diesen Tagen, die in die siebzig Jahre gehen, zusammen sechsundzwanzigtausend und zweihundertundfünfzig, bringt nicht ein einziger etwas Gleiches wie ein anderer. So ist nun, Kroisos, der Mensch ganz das, was ihm täglich zustösst.

Mir scheinst du zwar offenkundig sehr reich zu sein und König über viele Menschen. Das aber, wonach du mich fragtest, glücklich, nenne ich dich noch nicht, ehe ich denn gehört habe, dass du dein Leben gut beschlossen hast. Denn der sehr Reiche ist keineswegs glücklicher als der, der eben für den Tag genug hat, wenn für ihn nicht das Glück hinzukommt, dass er im Besitz alles Schönen sein Leben gut beschliesst. Denn viele überaus reiche Menschen geraten am Ende ins Unglück, viele hingegen, die in mässigen Verhältnissen leben, haben bis zuletzt Glück.

Wer nun sehr reich ist, doch am Ende ins Unglück gerät, hat vor dem, der bis zuletzt immerfort Glück hat, nur zwei Vorteile; dieser jedoch vor dem sehr Reichen und zuletzt doch ins Unglück Gestürzten viele. Der Reiche vermag eher sein Begehren zu befriedigen und mit einem grossen Unglück, das ihn trifft, fertig zu werden; wer dagegen Glück hat, der hat vor dem anderen all dieses voraus: Mit einem Unglück zwar und seinem Begehren vermag er nicht in gleicher Weise wie jener fertig zu werden, aber davor bewahrt ihn ja sein Glück; dafür ist er frei von körperlichen Mängeln, frei von Krankheit, frei von Unglücksfällen, er hat gut geratene Kinder, er hat eine schöne Gestalt. Wer aber zudem noch sein Leben einmal gut beschliesst, das ist der, nach dem du fragst: der wert ist, glücklich genannt zu werden. Ehe er aber dieses Ende erreicht hat, muss man sich zurückhalten und darf noch nicht sagen: er sei glücklich, sondern nur: er habe Glück.

Alle diese Vorzüge nun auf sich zu vereinigen ist für einen Menschen unmöglich, wie ja auch kein Land autark ist und alles für seinen Bedarf bietet, sondern einiges hat es, anderes fehlt ihm; das Land aber, welches das meiste hat, das ist das beste. So ist auch kein Mensch als Einzelner autark und in allem sich selbst genug, sondern einiges hat er, anderes hat er nicht. Wer aber davon das meiste bis zum Ende behält und dann noch sein Leben freudig und dankbar beschliesst, der hat bei mir das Recht, König Kroisos, diesen Titel zu tragen: glücklich zu sein. Auf das Ende jeder Sache muss man sehen, wie sie ausgehen wird. Denn vielen schon hat die Gottheit den Schein des Glücks gezeigt und sie dann mitsamt der Wurzel umgestürzt.»

Der «Kreislauf der Menschendinge»

Seines Glückes sicher, hatte der Lyderkönig Kroisos auf der Höhe seiner Macht die mahnende, warnende Rede des Atheners Solon in den Wind geschlagen. «Ganz und gar weltfremd», lässt Herodot ihn in seinem Geschichtswerk schliesslich kopfschüttelnd über den wunderlichen Warner urteilen, «müsse der Mann sein, der das gegenwärtige Glück für nichts achtete und statt dessen auf das Ende jeder Sache zu sehen mahnte.» Jahre später, an diesem «Ende» seiner Geschichte, steht Kroisos nach einem missglückten Angriff auf das Perserreich, nach dem Verlust seines Reiches und zuletzt auch seiner Hauptstadt Sardes in Ketten auf dem Scheiterhaufen, zusammen mit vierzehn Lyderknaben, und erwartet unter den Augen des Siegers, des jungen Perserkönigs Kyros, den Tod in den Flammen:

«Als Kroisos auf dem Scheiterhaufen stand, fiel ihm noch in dieser grossen Bedrängnis das Wort Solons ein, wie ihm das aus göttlichem Wissen gesagt war: dass unter den Lebenden keiner glücklich sei. Als ihm dieses Wort in den Sinn kam, seufzte und stöhnte er in der grossen Stille tief auf und rief dreimal den Namen „Solon“. Und Kyros, der das hörte, befahl den Dolmetschern, Kroisos zu fragen, wen er da anrufe, und die traten zu ihm und fragten ihn. Kroisos schwieg zuerst auf die Frage; dann, als er gedrängt wurde zu antworten, sagte er: „Den Mann, dessen Worte zu hören ich allen Herrschern mehr wünschte als grosse Schätze!“ Da er für sie unverständlich redete, fragten sie zurück, was er damit meine. Als sie immer weiter fragten und ihm keine Ruhe liessen, erzählte er schliesslich, wie zu Anfang Solon, ein Athener, zu ihm gekommen sei und wie der all sein Glück gesehen und verworfen habe und was er alles gesagt habe und wie es ihm dann geradeso ergangen sei, wie jener gesagt habe. Und diese Worte habe Solon nicht so sehr in Hinblick auf ihn allein gesprochen als in Hinblick auf alles Menschliche und am meisten auf die Menschen, die selbst glücklich zu sein wähnten. Während Kroisos dies berichtete, hatte inzwischen der Scheiterhaufen Feuer gefangen, und sein äusserster Rand brannte.

Als Kyros von den Dolmetschern hörte, was Kroisos gesagt hatte, änderte er seinen Entschluss; er erkannte, dass er, der doch selbst ein Mensch war, einen anderen Menschen, dessen Glück nicht geringer gewesen war als sein eigenes, lebendig dem Feuer übergebe, und dazu fürchtete er die Vergeltung und bedachte, dass nichts im Menschenleben sicher ist, und so befahl er, das bereits brennende Feuer aufs schnellste zu löschen und Kroisos und die Knaben, die mit ihm auf dem Scheiterhaufen standen, herabzuführen.»

Kroisos wird gerettet und zu Kyros hinabgeführt, und der junge Perserkönig staunt über ihn, wie einst Achilleus über den greisen Priamos staunte, als der in sein Zelt gekommen war, den toten Hektor loszukaufen:

«Als Kyros dem Kroisos dann die Fesseln gelöst hatte, liess er ihn nahe bei sich niedersitzen und behandelte ihn mit grösster Rücksicht; und er staunte über ihn, wie er ihn ansah, er selbst und die anderen ringsum alle. Kroisos aber sass, in Gedanken versunken, stille da. Als er nach einiger Zeit aufschaute und sah, wie die Perser die Stadt der Lyder plünderten, sagte er: „König, soll ich vor dir aussprechen, was ich gerade denke, oder soll ich schweigen in dieser Stunde?“ Kyros forderte ihn auf, ohne Furcht auszusprechen, was er wolle, und Kroisos fragte ihn: „Was macht sich dieser grosse Haufe da mit so grossem Eifer zu schaffen?“ Und Kyros antwortete: „Er plündert deine Stadt aus und trägt deinen Besitz fort.“ Da erwiderte Kroisos: „Nicht meine Stadt und nicht meinen Besitz plündert er aus, denn mir gehört nichts mehr davon; sondern dein Besitz ist es, den sie forttragen und fortschaffen."

Noch ein einziges Mal später, am Ende der Kyros-Geschichte, lässt Herodot den besiegten Kroisos dem Sieger Kyros raten, und nun in bedeutender Sache: zur Frage steht die persische Strategie im Kriege gegen die Massageten, in dem Kyros sein Heer und sein Leben verlieren sollte. Wie ein zweiter Solon erinnert Kroisos da, seinen strategischen Rat einleitend, den Perserkönig an die Unbeständigkeit der Menschendinge:

«Mein Leid, so unerfreulich es war, ist mir zur Lehre geworden. Wenn du meinst, unsterblich zu sein und über ein ebensolches Heer zu gebieten, so wäre es sinnlos, dass ich dir riete. Wenn du dir aber bewusst bist, selbst ein Mensch zu sein und über andere ebensolche Menschen zu gebieten, so lass dir dieses als erstes sagen: Es gibt einen Kreislauf der Menschendinge, der lässt mit seinem Umlauf nicht zu, dass immer dieselben im Glück sind.»

Da spricht der Gestürzte, seiner Macht Beraubte, der doch einmal für sein Glück berühmt gewesen war wie vor ihm der Troerkönig oder nach ihm der Tyrann Polykrates, zu dem Herrscher im Vollbesitz der Macht. Aber das Gesetz des «Kreislaufs der Menschendinge» gilt für beide gleichermassen: Im Lebensschicksal des Lyders ist dem Perserkönig sein eigenes Lebensschicksal vorgezeichnet.

Belastungsproben

Im Jahre 525 v. Chr. eroberte der Perserkönig Kambyses, der Sohn des Kyros, das Pharaonenreich und nahm in der alten Hauptstadt Memphis den erst ein halbes Jahr zuvor zur Königswürde aufgestiegenen Psammetich III. – auch Psammenitos genannt – gefangen; wenig später hat er diesen letzten ägyptischen Pharao nach einem Aufstandsversuch doch noch hinrichten lassen. Ganz am Rande des grausamen Strafgerichts, das der persische Grosskönig nach seinem Sieg wegen eines Überfalls auf ein Heroldsschiff über die Ägypter und ihr Königshaus hält, begegnet uns am Ende bedeutsam noch einmal der von seinem Leid belehrte Lyderkönig Kroisos – in der eindringlich sprechenden stummen Rolle eines verstehenden, mitleidenden Zuschauers:

«Am zehnten Tage dann, nachdem Kambyses die Burg von Memphis eingenommen hatte, liess er den König der Ägypter, Psammenitos, vor die Stadt führen und zu seinem Schimpf dort hinsetzen – diesen Unglücklichen, der eben sechs Monate lang König gewesen war, setzte er dort hin, in eine Reihe mit anderen vornehmen Ägyptern, und stellte sodann die Seelenstärke des Besiegten auf die Probe, indem er das Folgende veranstaltete: Er liess die Tochter des Königs in ein Sklavengewand kleiden und schickte sie aus, Wasser zu holen, mit einem Krug in der Hand, und zusammen mit ihr schickte er noch andere Mädchen aus, die er unter den Töchtern der vornehmsten Ägypter ausgewählt hatte, alle im Sklavengewand wie die Tochter des Königs. Als die Mädchen nun mit lautem Jammern und Klagen an ihren Vätern vorübergingen, antworteten die anderen Ägypter alle mit gleichem Jammern und Klagen; als Psammenitos jedoch die Mädchen erblickte und seine Tochter erkannte, da senkte er nur still den Kopf zu Boden.

Nachdem diese Wasserträgerinnen vorübergezogen waren, schickte Kambyses ihm als zweites seinen Sohn unter die Augen, zusammen mit zweitausend anderen Ägyptern im gleichen Alter, alle den Hals mit einem Strick gefesselt und den Mund mit einem Zaum geknebelt. Die wurden auf den Richtplatz geführt, Sühne zu leisten für die Zweihundert auf dem Schiff aus Mytilene, die in Memphis ermordet worden waren. Denn so hatten die königlichen Richter das Urteil gefällt, dass für jeden getöteten Mytilenäer zur Vergeltung zehn Ägypter, und zwar von den vornehmsten, getötet werden sollten. Als Psammenitos diese so vorübergehen sah und seinen Sohn erkannte, wie der zum Tode geführt wurde, da blieb er, während die anderen ihm zur Seite sitzenden Ägypter laut klagten und ausser sich waren vor Schmerz, gerade so ruhig wie vorher bei seiner Tochter.

Als nun auch diese vorübergezogen waren, kam zufällig einer seiner früheren Tischgenossen, ein schon vom Alter gezeichneter Mann, der all seinen Besitz verloren hatte und nun gerade so viel besass wie irgendein Bettler und sich im Heer sein Brot zusammenbettelte, an Psammenitos und den anderen dort vor der Stadt sitzenden Ägyptern vorüber. Als Psammenitos diesen Mann erblickte, stöhnte er laut auf und rief den Freund mit Namen und schlug sich an den Kopf.

Nun hatte Kambyses den Unglücklichen mit Wächtern umgeben, die ihm jede Regung seiner Miene sogleich melden sollten. Verwundert über das Geschehene schickte Kambyses schliesslich einen Boten zu Psammenitos und liess ihn das Folgende fragen: „Mein Herr Kambyses fragt dich, Psammenitos, warum du zuerst, als du deine Tochter zur Sklavin erniedrigt und deinen Sohn zum Tode gehen sahst, nicht in Jammer und Klage aufgeschrien hast, sodann aber diesen Bettler, der doch, wie der König vernimmt, gar nicht mit dir verwandt ist, solcher Klage gewürdigt hast." Diese Frage also richtete Kambyses an ihn, und Psammenitos gab ihm dieses zur Antwort: „Sohn des Kyros, das Unglück im eigenen Haus war allzu gross, als dass ich darüber laut hätte klagen können; das Leiden des Freundes aber war der Tränen wert, da er ja, der Fülle und des Glückes verlustig, nun zu einem Bettlerdasein herabgekommen ist, noch an der Schwelle des Greisenalters."

Als diese Antwort ihm überbracht wurde, schien das dem Kambyses trefflich gesagt. Und so wie die Ägypter diese Geschichte erzählen, habe Kroisos, der alte König der Lyder – denn auch dieser war damals Kambyses nach Ägypten gefolgt –, über das Unglück des Psammenitos geweint und hätten auch die Perser, die in der Nähe standen, geweint und den König Kambyses selbst sei eine Regung des Jammers angekommen und er habe sogleich den Befehl gegeben, man solle den Sohn des Psammenitos aus den Zweitausend herausholen und vor der Hinrichtung bewahren und den Psammenitos selbst von seinem Sitz vor der Stadt aufstehen lassen und zu ihm führen. Den Sohn des Psammenitos zwar fanden die zum Richtplatz abgesandten Boten nicht mehr am Leben, denn der war als erster von allen niedergemacht worden, den Psammenitos selbst aber liessen sie von seinem Sitz aufstehen und führten ihn zu Kambyses.»

Ein Königreich für – einen Mantel

Die ägyptische Hauptstadt Memphis, wo im Jahre 525 v. Chr. der Perserkönig Kambyses über den letzten Pharao Psammetich III. siegte, und die persische Hauptstadt Susa, wo drei Jahre später Dareios, in Ägypten noch «Speerträger» des Kambyses, den Perserthron bestieg, sind die beiden Schauplätze der tollen Geschichte von Sylosons Mantel, deren unverhofftes Hin und Her, Auf und Ab wiederum Herodot ein gutes halbes Jahrhundert später aufgezeichnet hat:

«Als Kambyses, der Sohn des Kyros, seinen Feldzug gegen Ägypten unternahm, kamen auch Griechen in grosser Zahl nach Ägypten, die einen natürlich, um ihre Geschäfte zu machen, die andern als Teilnehmer an dem Feldzug, einige aber auch, um das Land selbst kennenzulernen. Unter diesen war auch Syloson von Samos, der Sohn des Aiakes, ein Bruder des Polykrates und durch ihn aus Samos verbannt. Diesem Syloson ist dort sein grosses Glück begegnet, und das kam so:

Syloson hatte seinen Mantel mitgenommen und umgeworfen, einen feuerroten, und schlenderte so über den Markt von Memphis. Wie ihn dort der spätere König Dareios erblickte, der damals „Speerträger" im Gefolge des Kambyses war und durchaus noch keinen grossen Namen hatte, war der ganz hingerissen von dem Mantel, trat auf Syloson zu und versuchte, ihm das Prachtstück abzuhandeln. Als Syloson nun sah, wie Dareios völlig hingerissen war von dem Mantel, gab er ihm in einer göttlichen Glückslaune den Bescheid: „Ich den verkaufen? Das werde ich um nichts in der Welt tun; aber ich gebe ihn dir einfach so, wenn er denn um alles in der Welt dir gehören soll." Diese Grosszügigkeit erkannte Dareios rühmend an und nahm derart das Gewand von dem Griechen entgegen. Und Syloson blieb lange der Meinung, er sei in seiner Gutmütigkeit das schöne Stück auf recht törichte Weise losgeworden.

Doch als dann nur wenige Jahre später Kambyses noch in Ägypten starb, die „Sieben Männer“ sich gegen den Mager erhoben und aus diesen „Sieben“ eben Dareios zum König aufstieg, da erfuhr Syloson, dass die Herrschaft an den Mann übergegangen sei, dem er selbst einmal in Ägypten, als der ihn darum bat, seinen Mantel gegeben hatte. Er reiste sogleich nach Susa hinauf, setzte sich dort im Vorhof des Königspalastes nieder und erklärte, er sei ein Wohltäter des Dareios. Davon machte der Torwächter, sowie er das gehört hatte, dem König Meldung, und der wunderte sich und sagte zu ihm: „Und welcher Grieche sollte denn mein Wohltäter sein, dem ich Verehrung und Dankbarkeit schuldete, da ich die Herrschaft doch erst ganz neu besitze? Hier zu uns heraufgekommen ist von denen doch noch kaum einer oder vielmehr gar keiner, und Schulden, oder was man so nennen kann, habe ich keine bei irgendeinem in Griechenland. Dennoch führe diesen Griechen sogleich herein, damit ich höre, was er im Sinn hat, wenn er so redet.“

Darauf führte der Torwächter den Syloson ins Innere des Palastes hinein, und als der schliesslich in die Mitte des Saales trat, fragten ihn die Dolmetscher, wer er denn sei und was er getan habe, dass er sich einen Wohltäter des Königs nenne. Da erzählte nun Syloson alles, was damals mit seinem Mantel geschehen war, und dass er selbst eben der sei, der ihn hergegeben habe. Darauf erwiderte Dareios: „Du grossmütigster von allen, so bist du der Mann, der mir, als ich noch keinerlei Königsmacht besass, diese Gabe gegeben hat – wenn auch nur eine kleine, so soll mein Dank jetzt doch gleich gross sein, wie wenn ich jetzt irgendwoher etwas Grosses empfinge. Dafür gebe ich dir nun Gold und Silber in Fülle, dass es dich niemals reuen soll, dem Dareios, dem Sohn des Hystaspes, wohlgetan zu haben.“ Darauf sagte

Syloson: „Mir gib weder Gold, grosser König, noch Silber, sondern setze mich wieder in die Herrschaft über meine väterliche Insel Samos ein, die jetzt, nachdem mein Bruder Polykrates durch Oroites umgekommen ist, einer unserer Sklaven an sich gebracht hat: die gib mir, und das ohne Blutvergiessen und Versklavung."

Als Dareios das hörte, entsandte er ein Heer nach Samos und als Heerführer den Otanes, der auch zu den «Sieben Männern» gehört hatte, und trug ihm auf, alles, was Syloson sich auserbeten hatte, ihm gerade so zu erfüllen.»

Und so kam es, wenn auch am Ende keineswegs «ohne Blutvergiessen und Versklavung»: Dareios setzte Syloson als Tyrannen von Samos ein, und dieser konnte seine Herrschaft später noch seinem Sohn Aiakes vererben.

Grenzüberschreitungen

Der Perserkönig Xerxes vor dem Thronrat, den Griechenlandfeldzug der Jahre 480/479 v. Chr. ankündigend:

«Wie ich von den Älteren höre, haben wir uns noch nie der Ruhe hingegeben, seit wir unsere jetzige Vormachtstellung von den Medern übernommen haben, sondern ein Gott lenkt dies so, und unsere eigenen vielfältigen Unternehmungen führen uns zum Erfolg. Was nun Kyros und Kambyses und mein Vater Dareios geleistet, welche Völker sie hinzugewonnen haben, braucht man vor Männern, die es wohl wissen, nicht aufzuzählen. Ich aber sinne darauf, seit ich diesen Thron übernommen habe, nicht hinter den früheren Herrschern zurückzustehen in dieser Ehre und für Persien nicht weniger Macht hinzuzugewinnen ... Unterwerfen wir die Athener und ihre Nachbarn, die das Land des Phrygers Pelops bewohnen, wird die persische Erde nur noch an Zeus' Himmel grenzen; denn Länder jedenfalls wird die Sonne dann nicht eines mehr erblicken, das angrenzt an das unsrige, sondern sie alle werde ich mit einem Mal zu einem einzigen Land machen, in einem Vorstoss durch ganz Europa.»

Artabanos, der Bruder des Dareios und Oheim des Xerxes, in seiner Erwiderung:

«Du siehst, wie der Gott die herausragenden Tiere mit seinem Blitz trifft und nicht zulässt, dass sie sich in ihrer Grösse zeigen; die kleinen dagegen kränken ihn nicht. Du siehst, wie er immer auf die grössten Bauten und die höchsten Bäume seine Geschosse schleudert. Denn der Gott liebt es, alles Herausragende abzuschlagen. So wird auch ein grosses Heer durch ein kleines vernichtet, auf diese Weise: wenn der Gott ihnen aus Missgunst lähmende Furcht schickt oder Donner, durch die sie umkommen ohne eigenes Verschulden. Denn der Gott lässt keinen anderen gross denken ausser sich selbst. Vorwärtsdrängen in allem zeugt Rückschläge, aus denen leicht grosser Schaden entsteht; im Innehalten aber liegt Gewinn: wenn er nicht sogleich in Erscheinung tritt, so wird man ihn doch mit der Zeit entdecken.»

Vor dem Übergang des persischen Heeres über den Europa von Asien trennenden Hellespont:

«Wie Xerxes den ganzen Hellespont von den Schiffen bedeckt, alle die Ufer und die Ebene von Abydos erfüllt von Menschen sah, da pries er sich glücklich, danach aber weinte er. Als Artabanos das bemerkte, sein Onkel, der zuerst seine Meinung freimütig geäussert und Xerxes abgeraten hatte, Griechenland anzugreifen – als dieser Mann Xerxes weinen sah, fragte er ihn: „König, wie weit Auseinanderliegendes hast du getan, jetzt und kurz zuvor: Denn eben hast du dich glücklich gepriesen, und nun weinst du.“ Der sagte: „Mich kam der Jammer an bei dem Gedanken, wie kurz das ganze Menschenleben ist – wenn von diesen da, so viele es doch sind, keiner in hundert Jahren mehr übrig sein wird.“

Artabanos erwiderte mit den Worten: „Anderes Leiden als das widerfährt uns im Laufe des Lebens, noch bejammernswerteres. Denn in einem so kurzen Leben ist keiner, als ein Mensch, so glücklich, weder von diesen hier noch von den übrigen, dass ihm nicht der Wunsch käme, oft und nicht nur einmal, er wolle lieber tot sein als leben. Denn die Unglücksschläge, die uns treffen, und die Krankheiten, die uns schütteln, lassen auch ein Leben, das kurz ist, lang erscheinen. So ist der Tod, wo das Leben eine Last ist, dem Menschen zur ersehntesten Zuflucht geworden; die Gottheit aber, die uns die Süsse des Daseins hat kosten lassen, erweist sich im Fortgang des Lebens als missgünstig.“»

Artabanos zu Xerxes, im Anschluss an das vorige Gespräch: «Ich, mein König, bin auch jetzt noch erfüllt von Furcht und finde keine Ruhe in mir, wenn ich an vieles andere denke und zumal wenn ich sehe, dass zwei Mächte, die stärksten von allen, unsere grössten Feinde sind . . . : die Erde und das Meer. Denn einmal gibt es keinen hinreichend grossen Hafen, nirgendwo, wie ich vermute, der beim Ausbruch eines Seesturms deine riesige Flotte aufnehmen und dir Gewähr bieten könnte, die Schiffe über das Unwetter hinwegzuretten . . . Da es nun solche bergenden Häfen nicht gibt, erkenne, dass die Umstände über die Menschen Herr sind und nicht die Menschen über die Umstände . . . Die Erde hingegen ist derart dein Feind: Selbst wenn dir keinerlei Widerstand begegnen sollte, wird sie dir ein um so grösserer Feind, je weiter in die Ferne du vordringst, dir jeweils das Nächstgelegene aneignend. Vom Erfolg aber haben die Menschen niemals genug. Und so wird dir denn das Land, wenn dir auch sonst keiner entgegentritt, je mehr Zeit vergeht, desto mehr Hungersnot schaffen. Ein Mann ist aber wohl so der beste, wenn er bei der Planung eines Unternehmens Furcht zeigt und damit rechnet, jedes Unglück zu erleiden, in der Ausführung dagegen sich als kühn erweist.»

Xerxes zu Artabanos, in seiner Erwiderung:
«Artabanos, mit Recht hast du, von dir aus, alles dieses dargelegt; aber fürchte du nicht alles und rechne nicht mit allem gleichermassen! Denn wolltest du bei jedem an dich herangetragenen Unternehmen mit allem gleichermassen rechnen, könntest du dich nie und nirgends zur Tat entschliessen. Richtiger ist es doch, alles kühn zu wagen und dann die Hälfte des Unglücks zu erleiden, eher als alles im vorhinein zu fürchten und so auch nie irgend etwas zu erleiden . . . Wie kann denn ein Mensch je das Gesicherte wissen? Ich denke, auf keine Weise. Denen nun, die zum Handeln neigen, gesellt sich der Erfolg in der Regel gern zu, denen dagegen, die alle Bedenken in Rechnung stellen und zaudern, durchaus nicht gern. Du siehst, zu welcher Höhe der Macht Persien emporgestiegen ist. Wenn nun die Köni-

ge, die vor mir geherrscht haben, ebenso gedacht hätten wie du oder auch, ohne so zu denken, ebensolchen Beratern gefolgt wären, hättest du niemals dieses Land zu solcher Höhe emporsteigen sehen. Tatsächlich aber haben sie das Spiel mit der Gefahr angenommen und so Persien zu dieser Höhe hinaufgeführt. Denn Grosses will unter grossen Gefahren errungen sein.»

Ein vornehmer Perser auf einem Gastmahl in Theben, kurz vor der Schlacht bei Platää und der überstürzten Flucht der Perser aus Griechenland, zu seinem griechischen Tischgenossen:

«Siehst du diese hier speisenden Perser und das Heer, das wir am Fluss im Lager zurückgelassen haben? Von all diesen wirst du innert weniger Tage nur noch wenige am Leben sehen... Was von der Gottheit her geschehen muss, kann der Mensch auf keine Weise abwenden. Denn auch auf einen, der verlässlich rät, will keiner hören. Was kommen wird, wissen von uns Persern viele, und doch folgen wir, in die Notwendigkeit hineingebunden. Der feindseligste Schmerz im Menschenleben aber ist dies: in vieles Einsicht zu haben und über nichts Gewalt.» *Herodot*

Das Glück unterm Schwert

Zu Dionys, dem Tyrannen, schlich
Damon, den Dolch im Gewande;
ihn schlugen die Häscher in Bande.
«Was wolltest du mit dem Dolche, sprich!»
entgegnet ihm finster der Wüterich.
«Die Stadt vom Tyrannen befreien!»
«Das sollst du am Kreuze bereuen!»

Der Freiheitskämpfer Damon, mit dem Schiller und sein Dionys am Anfang der «Bürgschaft» so kurzen Prozess machen, hatte keine Chance: Das Sicherheitssystem, dem Dionysios I. von Syrakus achtunddreissig Herrschaftsjahre verdankte, war lückenlos. Gegen die Leibesvisitationen, die seinen Audienzen vorausgingen, sind die Sicherheitsmassnahmen für moderne Regierungschefs ein oberflächliches Hinschauen. Niemand, nicht einmal seine nächsten Verwandten, berichtet uns Plutarch, wurde in der Kleidung, die er trug, zu ihm vorgelassen, «sondern jeder Besucher musste, bevor er zu ihm hineinging, seine eigene Kleidung ablegen und eine andere anlegen, nachdem er sich vorher nackt von den Leibwächtern hatte visitieren lassen».

Durch ein engmaschiges Netz von Spitzeln suchte der «Wüterich», der schon in der Antike als Muster des Gewaltherrschers galt, Verschwörungen zuvorzukommen; die weitläufigen Steinbrüche von Syrakus, die Leidensstätte der während der Sizilischen Expedition gefangengenommenen Athener, wurden zum Staatsgefängnis der Tyrannis.

Die Legende hält sich an das Groteske und Delikate: Aus Furcht vor dem Messer des Barbiers soll Dionysios seine Töchter dazu angehalten haben, ihm Haar und Bart zu scheren. Sein Prunkbett habe er mit einem rings umlaufenden Wassergraben vor Überraschungen geschützt; bei seinen beiden Frauen schlief er nur unter den Sicherheitsvorkehrungen, dass er vorher das Schlafgemach sorgfältig durchsuchte, die Tür verriegelte und schliesslich auch den hölzernen Steg beiseite drehte, der aus seinen Staatsgemächern in sein Privatissimum hinüberführte.

Die geschliffenste der Anekdoten aber, in der das Leben unter der ständigen Drohung des Dolches zum gestellten Bilde wird, ist die berühmte Damokles-Geschichte:

«Als einer von seinen Höflingen sich im Gespräch einmal über seinen Reichtum, seine Macht, den Glanz seiner Herrschaft, seinen Überfluss an allem, die Pracht seines königlichen Palastes ausliess und erklärte, kein Mensch sei je glücklicher gewesen, da sagte er: „Willst du also, Damokles, dieses Leben, da es dich so sehr verlockt, selbst kosten und mein Glück erproben?" Als der sein Verlangen bekräftigt hatte, nötigte Dionysios den Mann, auf einem goldbeschlagenen Speisesofa Platz zu nehmen, auf dem die schönste gewebte Decke, mit prächtigen Stickereien geschmückt, ausgebreitet war, und ordnete auf einigen Ziertischchen kostbare, aus Silber und Gold getriebene Gefässe an. Darauf liess er an der Tafel ausgewählte Knaben von ausnehmender Schönheit aufwarten und ihn, jedem leisesten Wink gehorchend, aufmerksam bedienen. Da gab es wohlriechende Salben und Kränze; Räucherwerk wurde angezündet, die Tische wurden mit den erlesensten Speisen reich besetzt. Damokles schätzte sich glücklich.

Mitten in diesen Zurüstungen befahl Dionysios, von der Kassettendecke ein blankes Schwert, an einem Pferdehaar befestigt, so herabzulassen, dass seine Spitze auf den Nacken dieses Glücklichen zeigte. Da blickte Damokles nicht mehr jene schönen Diener an, nicht mehr das mit viel Kunstsinn bearbeitete Silber und streckte nicht mehr die Hand zu der Tafel aus; bald glitten auch die festlichen Kränze von ihm ab; schliesslich bat er den Herrscher, er möge ihn gehen lassen, da er nun nicht mehr glücklich sein wolle.»

«Einst wird kommen der Tag...»

Ein siegreicher Oberbefehlshaber, den plötzliche Furcht überfällt auf dem Höhepunkt seines Erfolges, dem die Tränen kommen angesichts des Untergangs der Feinde – die paradoxe, und zumal in der römischen Kriegsgeschichte paradoxe Szene spielt im Jahre 146 v. Chr. vor dem brennenden Karthago. Der Römer Publius Cornelius Scipio Aemilianus, seitdem auch Africanus zubenannt, hatte nach dreijähriger schwierigster Belagerung die Kapitulation des Karthagerführers Hasdrubal entgegengenommen. Das erbitterte jahrhundertelange Ringen der beiden Todfeindinnen Rom und Karthago war beendet, der Schock von Cannae, der Schrecken des *«Hannibal ad portas»* endlich überwunden: Karthago stand in Flammen und sollte nach dem Willen der Sieger nie wieder aufgebaut werden.

Der Grieche Polybios, der Scipio griechisch zu sprechen, zu lesen und zu denken gelehrt hatte und den vertrauten jüngeren Freund wie sonst so auch in diesem Krieg begleitete, hat die denkwürdige Episode aufgezeichnet; wir lesen seinen Bericht bei Appian:

«Während siebenhundert Jahren war Karthago eine Grossmacht gewesen. Über so viel Land, Inseln und Meer hatte es seine Herrschaft ausgedehnt; Rüstungsgüter, Schiffe, Elefanten und Geld hatte es in gleicher Fülle besessen wie die grössten Reiche, an Unternehmungsgeist und Kampfbereitschaft aber diese weit übertroffen: hatte es doch, von seinen Schiffen und allem Nachschub abgeschnitten, dennoch drei Jahre lang einem so grossen Krieg und dem Hunger standgehalten.

Als Scipio diese Stadt damals restlos in einer letzten, vollkommenen Katastrophe enden sah, sollen ihm die Tränen gekommen sein, und es war deutlich: Er weinte um die

Feinde. Lange stand er in Gedanken, in sich versunken, und bedachte, dass der Gott auch alle Städte, Völker und Reiche stürzen müsse wie Menschen. So war es Troja geschehen, einer einstmals glücklichen Stadt, so den Reichen der Assyrer und der Meder, so dem Perserreich, das nach jenem zur beherrschenden Macht aufgestiegen war, und dem, dessen Glanz erst in jüngster Zeit aufgestrahlt war, dem Reich der Makedonen. Und zu Polybios, dem Historiker, gewendet, sprach Scipio, sei es mit Überlegung, sei es, dass das Wort ihm unwillkürlich auf die Lippen kam:

„Einst wird kommen der Tag, da die heilige Ilios hinsinkt,
Priamos selbst und das Volk des lanzenkundigen Königs."

Als Polybios ihn in aller Unbefangenheit fragte – denn er war ja sein Lehrer gewesen –, worauf dieses Wort deute, da soll Scipio ohne Rückhalt offen den Namen seiner Vaterstadt genannt haben – um die er also, auf das Menschenlos hinblickend, fürchtete. Und dies hat Polybios selbst als Augenzeuge aufgezeichnet.»

Nach dem Sieg des Lucius Aemilius Paullus über die Makedonen im Jahre 168 v. Chr. bei Pydna war Polybios zusammen mit tausend anderen vornehmen Achäern als Gefangener nach Rom gekommen – freilich als einer, dem man mit höchstem Respekt begegnete. Im Hause des Siegers von Pydna und der Scipionen wurde der überragend begabte, vielseitig gebildete Grieche, damals etwas über dreissig, der Lehrer und der vertraute Freund des achtzehnjährigen Aemilianus. In jenen sechziger Jahren hielt nach dem glanzvollen Triumph des Aemilius Paullus über Makedonien nun auch die griechische Bildung ihren triumphalen Einzug in Rom. Terenz führte seine aus dem Griechischen adaptierten Komödien auf; selbst der alte Cato sah sich schliesslich gezwungen, im Alter noch Griechisch zu lernen. «Das bezwungene Griechenland», sagte später Horaz, «bezwang den wilden Sieger und brachte die Künste in das bäuerliche Latium.»

An diesen Polybios wendet sich Scipio, als er angesichts des brennenden Karthago die Homerverse zitiert, in denen Hektor vorahnend den Untergang Trojas ankündigt. Man meint aus dem Bericht die Verlegenheit der Begleiter herauszuspüren angesichts des Feldherrn, der sich der Tränen nicht erwehren kann – sie schweigen, allein der griechische Freund ist unbefangen genug, den Feldherrn zu fragen. Polybios zitiert uns die Antwort des Scipio Aemilianus:

«Und indem Scipio sich zu mir umwandte und meine Rechte ergriff, sagte er: „Polybios, der Sieg ist ja etwas Schönes; aber ich fürchte – ich weiss nicht wie – und sehe mit Sorge voraus, dass irgendwann einmal ein anderer diesen Befehl für unsere Vaterstadt geben wird." Ein trefflicheres und verständigeres Wort als dieses ist nicht leicht zu nennen. Denn dass Scipio auf der Höhe des Erfolges und angesichts der grössten Niederlage der Feinde den Gedanken an die eigene Geschichte und die umgekehrte Lage fasste, und überhaupt, dass er sich in seinem Glück die Unbeständigkeit des Schicksals vergegenwärtigte, das zeugt von einem Mann, der gross und vollkommen, mit einem Wort: der unseres Gedenkens wert ist.»

Ein gutes halbes Jahrtausend später, im Jahre 410 n. Chr., ist Rom tatsächlich durch Verrat in die Gewalt des Gotenkönigs Alarich gefallen. Aber damals, als Scipio Karthago untergehen sah, konnte Rom sich sicherer fühlen denn je: Die Furcht vor einem zweiten Hannibal war für immer beseitigt, und in weitem Umkreis hatte Rom keinen Gegner mehr zu fürchten. Nicht der Gedanke an eine wirkliche Bedrohung ist es, der Scipio niederdrückt; griechische Gedanken haben ihn angekränkelt. Vom Handelnden zum Betrachtenden geworden, vergegenwärtigt sich der Römer die Wechselhaftigkeit menschlichen Glücks, den Herodoteischen «Kreislauf der Menschendinge», der mit seinem Umlauf «nicht zulässt, dass immer dieselben im Glück sind». Vor diesem Horizont des Menschlichen und des Historischen scheint der Unterschied zwischen dem triumphierenden Rom und dem niedergebrannten Karthago aufgehoben; da wird der strahlende Sieg über den Erzfeind zum Menetekel des eigenen Untergangs.

Das Rad der Fortuna

Das Mittelalter hat den Herodoteischen «Kreislauf der Menschendinge» vom Glück zum Unglück und vom Unglück wieder zum Glück anschaulich im Bild der *Rota Fortunae*, des «Rades der Fortuna», des «Glücksrades», dargestellt. Eine farbige Miniatur aus dem *«Hortus Deliciarum»* der Äbtissin Herrad von Landsberg präsentiert uns dieses Glücksrad mit der Präzision einer technischen Zeichnung: links und rechts zwei Stämme mit Astgabeln, darübergelegt die Achse, darauf wieder, in die gleiche Ebene gezeichnet, das sechsspeichi-

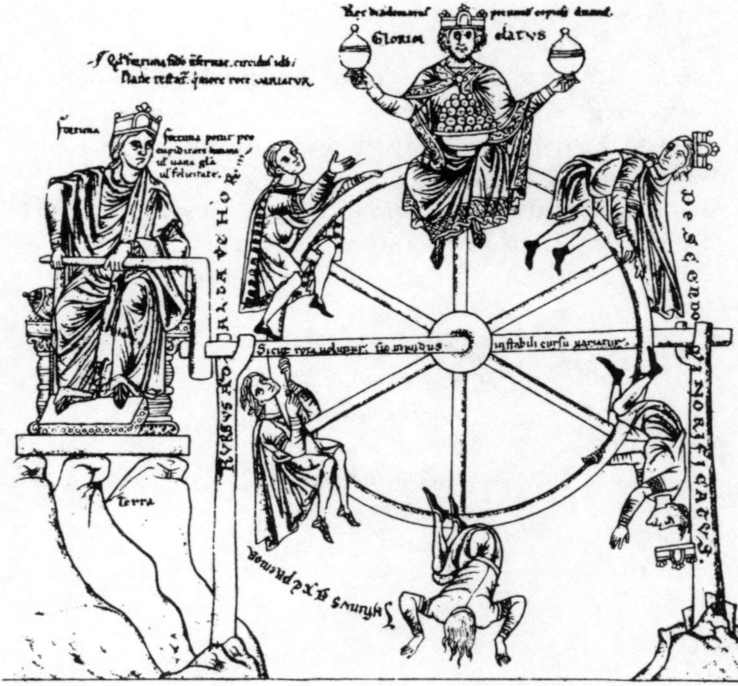

ge Rad, das sechs Menschengestalten trägt. Auf der linken Seite die Glücksgöttin Fortuna, königlich thronend, königlich gekrönt, mit beiden Händen die Kurbel umfassend, deren technische Nüchternheit merkwürdig mit der Pracht des Gewandes und des Thrones kontrastiert. Fortuna dreht das Rad, das die Menschen in die Höhe trägt und wieder in die Tiefe stürzen lässt. Auf dem Scheitel des Rades thront, dem Betrachter voll zugekehrt, der König mit allen Zeichen der Macht und des Reichtums. Rechts die Absteigenden: rittlings sitzende, ängstlich sich festklammernde Gestalten, denen die Krone entgleitet; auf dem Tiefpunkt stürzt der Unglückliche, vollends abgekehrt, kopfüber in die Tiefe. Links die Aufsteigenden: der obere der beiden streckt die Hand verlangend nach den königlichen Reichtümern aus, so wie sein Gegenüber rechts bekümmert auf das verlorene Glück zurückblickt.

Eine Beischrift auf der Achse deutet die symbolische Darstellung: *«Sicut rota volvitur, sic mundus instabili cursu variatur»*, «So wie das Rad sich dreht, so wandelt sich die Welt in unstetem Lauf.»

Die Beischriften zu den einzelnen Gestalten klingen an ein Gedicht der *«Carmina Burana»* an:

«Fortunae rota volvitur:
descendo minoratus;
alter in altum tollitur;
nimis exaltatus
rex sedet in vertice –
caveat ruinam!
nam sub axe legimus
Hecubam reginam.»

«Das Glücksrad reisst in raschem Lauf
Fallende ins Dunkel,
einen andern trägt's hinauf:
hell im Lichtgefunkel
thront der König in der Höh...
wird des Sturzes inne!
Unterm Rad liegt Hecuba,
ehdem Königinne!»

Sollte am Ende auch das berühmte Riesenrad im Wiener Prater und alle die übrigen grossen und kleinen Riesenräder unserer Kirchweih-, Kirmes- und Chilbi-Plätze Vergegenwärtigungen dieses gleichen Glücksumschwungs sein? Sollten wir, während wir inmitten eines bunten Jahrmarkttrubels in der Gondel hinauf und wieder hinab getragen werden, im Spiel den alten Herodoteischen «Kreislauf der Menschendinge» durchlaufen, den eines der kürzesten Gedichte wiederum der *«Carmina Burana»* in einem einzigen Vers so umschreibt:

«Regnabo, regno, regnavi, sum sine regno»,

«Herrschen werd' ich, ich herrsche, ich herrschte, ich bin ohne Herrschaft»?

«Ich bin ein Mensch...»

Die Szene spielt auf dem Lande irgendwo in Attika. Ein Nachbar ist neu zugezogen, ein verschlossener, in sich gekehrter Mann; ausser seinem Namen, Menedemos, weiss man so gut wie nichts von ihm. Schlecht scheinen seine Verhältnisse nicht: Das Landgut, das er gekauft hat, ist der fruchtbarste, teuerste Besitz in der Gegend, und Sklaven hat er genug, es zu bewirtschaften. Aber als ob er nicht einen einzigen Sklaven hätte, müht sich der Fremde trotz seinen sechzig oder mehr Jahren von früh bis spät selbst draussen ab; er verbeisst sich geradezu in die Arbeit.

Chremes, ein Nachbar und Altersgenosse, beobachtet dieses absonderliche Tun eine Reihe von Tagen mit Verwunderung, Sorge, Beunruhigung. Schliesslich spricht er den Nachbarn an, über den Grenzstein hinweg, der zwischen ihnen steht. Er beruft sich auf das Recht der Nachbarschaft, die ja mit der Freundschaft verwandt sei; so komme er dazu, an den noch kaum Bekannten ein offenes, fast freundschaftliches Wort zu wagen. Dann erinnert er Menedemos an sein hohes Alter, seinen schönen Besitz. Worauf sein Wollen und Wünschen sich denn noch richte, dass er sich tagaus tagein abplage mit Sklavenarbeit? «Keinen Augenblick gönnst du dir Ruhe, nie denkst du an dich selbst. Dass du das nicht zu deinem Vergnügen tust, brauchst du mir nicht zu sagen. Wenn du die gleiche Mühe, die du jetzt an die Feldarbeit wendest, daran wenden wolltest, deine Sklaven zur Arbeit anzuhalten, tätest du mehr!»

Wie würden wir, so angesprochen, reagieren? Menedemos reagiert verletzt und verletzend; er weist mit dem Finger auf die Grenze zwischen dem «Eigenen» und dem «Fremden», die Chremes nachbarlich-freundschaftlich hatte überspringen wollen: «Chremes, lässt dir deine eigene Arbeit so viel Zeit übrig, dass du dich um fremde Dinge kümmern kannst – Dinge, die dich nichts angehen?» Die Antwort, mit der Chremes den Hieb pariert, ist zum geflügelten Wort geworden: *«Homo sum; humani nil a me alienum puto»* – «Ich bin ein Mensch; nichts Menschliches nenne ich mir fremd.» Im Gegensatz zur Selbstisolierung des Menedemos, der schon im Nachbarn den «Fremden» sieht, hat Chremes hier die menschliche Gemeinschaft überhaupt an die Stelle der nachbarlichen gesetzt. Kein Mensch ist dem anderen fremd; jeder Mensch auf der Erde geht jeden Menschen an – das ist der ursprüngliche Sinn dieses viel zitierten und viel missdeuteten Wortes.

Die Szene stammt aus einer Komödie Menanders, dem *«Heautontimorumenos»*, dem «Sich selbst Strafenden». Das griechische, um 300 v.Chr. in Athen aufgeführte Original ist verloren; wir lesen die Komödie in der lateinischen Bearbeitung, die Terenz im Jahre 163 v.Chr. für die römische Bühne geschrieben hat.

Wenige Jahrzehnte vor Menander und nicht zufällig in der Zeit Alexanders des Grossen, da die Hellenisierung des Ostens den Griechen neue weltweite Perspektiven eröffnete, hatte Aristoteles in seiner «Nikomachischen Ethik» von der «Freundschaft» gesprochen, die alle Menschen verbinde, auch die einander fernsten, einem natürlichen Gefühl der Zusammengehörigkeit, das sich auch bei Tieren finde, beim Menschen aber am stärksten ausgeprägt sei. «Gerade auch, wenn es einen in fremde Länder verschlagen hat, kann er leicht erkennen, wie nah zugehörig jeder Mensch jedem anderen ist und wie eng befreundet.» Und als stoische Lehre führt später Cicero an, «dass der eine Mensch dem anderen eben aus dem Grunde, dass er ein Mensch ist, nicht als ein Fremder erscheinen darf».

Es ist nur ein schmaler Grat, der zwischen mitmenschlicher Anteilnahme am Leben des anderen und zudringlichem Sich-Einmischen in fremde Angelegenheiten liegt – der gleiche, der diskrete Zurückhaltung vor der Privatsphäre des anderen und gleichgültiges Vorbeiblicken an seinen Problemen voneinander trennt. Aber an diesem schmalen Grat scheiden sich Menschlichkeit und Unmenschlichkeit unseres Zusammenlebens: *«Homo sum; humani nil a me alienum puto.»*

Tröstliches Gewölbe

In seinem 95. Brief spricht Seneca von den Verpflichtungen des Menschen zuerst gegenüber den Göttern, dann gegenüber den Mitmenschen; von der umfassenden Einheit der grossen Götter- und Menschengemeinschaft gelangt Seneca darin zu der hohen Forderung hilfsbereiter menschlicher Solidarität über alle Grenzen hinweg im Sinne des Terenz-Verses *«Homo sum, humani nil a me alienum puto»* und weiter zu dem einprägsamen Bilde eines aus Steinen gefügten Gewölbes für die menschliche Gemeinschaft:

«Und nun die zweite Frage: wie wir mit den Menschen umgehen sollen. Welche Ziele setzen wir uns? Welche Regeln geben wir uns? Etwa, dass wir eines Menschen Blut nicht vergiessen? Wie wenig ist es, dem nicht zu schaden, dem wir nützen sollten! Ein grosser Ruhm ist es, wahrhaftig, wenn ein Mensch einem Menschen nicht wie ein Wolf begegnet! Werden wir fordern, dass er dem Schiffbrüchigen seine Hand entgegenstreckt, dem Irrenden den Weg weist, mit dem Hungernden sein Brot teilt? Wozu soll ich alles, was wir tun und lassen sollen, einzeln aufzählen, da ich doch kurz diese Grundregel menschlichen Handelns anführen kann:

All das, was du um dich siehst, worin Göttliches und Menschliches einbeschlossen sind, ist eines; wir sind Glieder eines grossen Körpers. Die Natur hat uns als Verwandte geboren, da sie uns aus demselben Ursprung und zu demselben Leben erzeugte. Sie hat uns wechselseitige Liebe zueinander eingegeben und uns so zur Gemeinschaft gebildet. Sie hat den Sinn für das Gute und Gerechte in uns gelegt; auf Grund ihrer Satzung ist es erbärmlicher, anderen zu schaden, als selbst verletzt zu werden. Auf ihr Gebot hin seien unsere Hände bereit für die Hilfebedürftigen. Der berühmte Vers sei uns im Herzen und auf den Lippen: „Ich bin ein Mensch; nichts Menschliches nenne ich mir fremd.“ Halten wir fest zusammen; füreinander sind wir geboren. Unsere Gemeinschaft gleicht völlig einem aus Steinen gefügten Gewölbe, das augenblicklich einstürzen müsste, wenn sich die Steine nicht wechselseitig am Sturze hinderten, und das eben darin seinen Halt findet.»

Viele Jahrhunderte später hat ein solches steinernes Gewölbe seine tröstliche Botschaft dem jungen Kleist mitgeteilt, als dieser auf seiner Reise nach Würzburg, zerrissen zwischen der hoffnungsvollen Liebe zu seiner Braut Wilhelmine von Zenge und bedrängender Sorge (wegen eines körperlichen Leidens?), von einem Spaziergang vor den Toren in die Stadt zurückkehrte. Am 16. November 1800 schreibt Kleist, inzwischen nach Berlin zurückgereist, an seine Braut nach Frankfurt an der Oder:

«Ich ging an jenem Abend vor dem wichtigsten Tage meines Lebens in Würzburg spazieren. Als die Sonne herabsank, war es mir, als ob mein Glück unterginge. Mich schauerte, wenn ich dachte, dass ich vielleicht *von allem* scheiden müsste, von allem, was mir teuer ist.

Da ging ich, in mich gekehrt, durch das gewölbte Tor, sinnend zurück in die Stadt. Warum, dachte ich, sinkt wohl das Gewölbe nicht ein, da es doch *keine* Stütze hat? Es steht, antwortete ich, *weil alle Steine auf einmal einstürzen wollen* – und ich zog aus diesem Gedanken einen unbeschreiblich erquickenden Trost, der mir bis zu dem entscheidenden Augenblicke immer mit der Hoffnung zur Seite stand, dass auch ich mich halten würde, wenn alles mich sinken lässt.

Das, mein liebes Minchen, würde mir kein Buch gesagt haben, und das nenne ich recht eigentlich *lernen von der Natur.*»

Hat an jenem Herbstabend wirklich die «Natur» und «kein Buch» den Unglücklichen belehrt und getröstet? Oder hatte, ihm selbst nicht mehr bewusst, Senecas Bild ihn die «Natur» sehen gelehrt? Wie dem auch sei, das Bild des Bogens, dessen Steine im Sturz einander wechselseitig Halt geben, wurde Kleist so bedeutsam, dass er Ende Dezember, «am vorletzten Tage im alten Jahrhundert», bei einem Besuch in Frankfurt an der Oder seinem Brief noch diese Zeichnung anfügte:

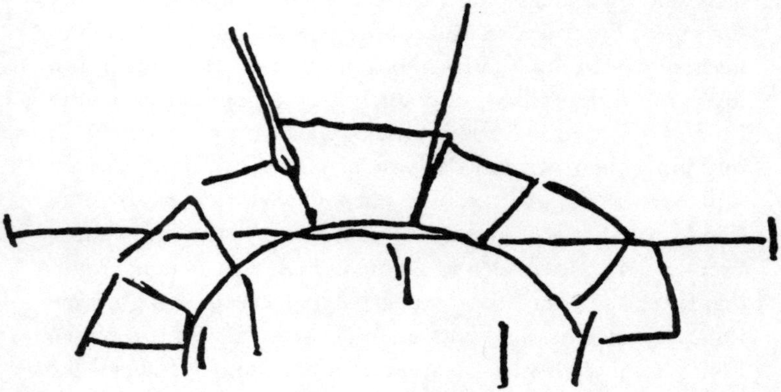

Sieben Jahre später hat Kleist das so paradoxe und auch darum so einprägsame Bild in seiner «Penthesilea» noch einmal aufgegriffen, wenn im neunten Auftritt des Trauerspiels die Amazonenfürstin Prothoe zu ihrer Königin Penthesilea spricht:

«. . . Sinke nicht,
und wenn der ganze Orkus auf dich drückte!
Steh, stehe fest, wie das Gewölbe steht,
weil seiner Blöcke jeder stürzen will!
Beut deine Scheitel, einem Schlussstein gleich,
der Götter Blitzen dar, und rufe: trefft!»

Die Liebe der Mütter

In den Freundschaftsbüchern seiner «Nikomachischen Ethik» und auch schon der älteren «Eudemischen Ethik» bezieht Aristoteles immer wieder die selbstlose Liebe zwischen wahrhaften Freunden auf die Liebe der Mütter zu ihren Kindern; wiederholt kennzeichnet er die naturgegebene Mutterliebe als Inbegriff uneigennütziger Freundesliebe:

«Als einen wahren Freund sehen manche denjenigen an, der für seinen Freund alles Gute, oder was als solches erscheint, herbeiwünscht und tätig herbeiführt, und das einzig um dieses Freundes willen; oder auch denjenigen, der es seinem Freund aus ganzer Seele wünscht, dass dieser auf der Welt und am Leben ist, und das wieder einzig um des Freundes willen – ein Verhältnis, wie eben die Mütter es zu ihren Kindern haben... Andere verstehen unter einem wahren Freund denjenigen, der in Gemeinschaft mit seinen Freunden seine Tage verbringt und sich dabei jeweils den gleichen Dingen zugetan zeigt, oder auch denjenigen, der mit seinen Freunden jeweils gleicherweise Schmerz und gleicherweise Freude empfindet – auch dieses trifft am ehesten auf die Mütter zu.»

«Was wir mit Anstrengung errungen haben, lieben wir alle mehr, als was uns mit Leichtigkeit zugefallen ist, wie ja auch diejenigen Menschen stärker mit ihrem Besitz verbunden sind, die ihn durch eigene Arbeit erworben, als diejenigen, die ihn als Erben übernommen haben... Darum hängen auch die Mütter mit grösserer Liebe an ihren Kindern; denn das Gebären ist mit grösserer Anstrengung verbunden, und daher ist den Müttern auch stärker bewusst, dass die Kinder aus ihnen hervorgegangen und ihr eigenes Fleisch und Blut sind.»

«Wahre Freundschaft und Freundesliebe erfüllen sich eher, so hat es den Anschein, im Erweisen als im Empfangen dieser Liebe. Ein Zeichen dafür sind die Mütter, die alle ihre Freude darin finden, ihren Kindern Liebe zu schenken, selbst wenn sie keine Gegenliebe erwarten können. Denn manche Mütter geben ihre Kinder ja sogleich in fremde Häuser, um sie dort aufwachsen zu lassen, und empfinden – im Bewusstsein ihrer Mutterschaft – gleichwohl Liebe für sie; Gegenliebe jedoch verlangen sie nicht zurück, wenn die äusseren Umstände dieses beides nicht zulassen, sondern offenbar sind sie hinreichend befriedigt, ihre Kinder dort glücklich gedeihen zu sehen, und sie bringen ihnen ihrerseits Liebe entgegen, auch wenn diese Kinder ihren Müttern – in Unkenntnis dieser Beziehung – nichts von all der Liebe, die einer Mutter wiederum von ihren Kindern zukäme, je sollten bekunden können.»

«Für ihren Sohn Herakles hätte die eigene Mutter Alkmene vielleicht eher gewählt, dass er zum Gott erhoben und also ihrem Umgang entrückt sein solle, als dass er ihr nahe bleiben und so dem harten Eurystheus weiterhin Frondienste leisten solle.»

Väter und Söhne

Zwischen «Anti-Atlas» und «Anti-Baby-Pille» sucht man noch in der zwanzigbändigen «Brockhaus-Enzyklopädie» aus dem Jahre 1966 das Stichwort «Antiautoritäre Erziehung» vergeblich. Erst im Winter 1969/70, als A.S. Neills «Summerhill»-Buch in der Taschenbuchausgabe schliesslich zum Bestseller wurde, erschien die «Antiautoritäre Erziehung» als eine Supernova und Superdiva am Himmel der Pädagogik, um sogleich mächtig auf alle unter ihrem Zeichen Geborenen herabzuwirken.

So jung das schlagende Schlagwort, so alt die mit ihm geschlagene Sache. Der unauflösbare Gegensatz zwischen einer autoritären Erziehung, die auf Fremdbestimmung, und einer liberalen, die auf Selbstbestimmung setzt, ist das Thema einer Komödie, die der Grieche Menander um die Wende des 4. zum 3. Jahrhundert v.Chr. in Athen aufgeführt hat; wir lesen sie nach dem Verlust des griechischen Originals in der lateinischen Version, die der Wahl-Römer Terenz, ein Freund der Scipionen und anderer vornehmer Philhellenen, im Jahre 160 v.Chr. in Rom auf die Komödienbühne gebracht hat.

Ein Lehrstück für Erzieher, so streng gebaut wie liebenswert: Zwei Generationen; zwei Väter, zwei Erziehungsprogramme; zwei Söhne, zwei Liebesaffären. In den so ungleichen Brüdern der älteren Generation, die dem Stück den Namen *«Adelphoi»*, «Brüder», gegeben haben, Micio und Demea, werden liberale und autoritäre Erziehung gegeneinander ausgespielt; die Liebesaffären der ebenso ungleichen Brüder der jüngeren Generation, dramatisch verwickelt und verbunden durch eine spektakuläre nächtliche Entführung, stellen die Prinzipien der Väter auf eine harte Probe: Wie hält die eine, wie die andere Erziehung der Belastung stand? Wo zeigt die eine, wo die andere Schwächen?

Da vergegenwärtigt sich am Anfang der liberale, urbane Vater Micio, während er am frühesten Morgen besorgt, ja beunruhigt auf den die Nacht über ausgebliebenen (Adoptiv-)Sohn wartet, seine Erziehung:

«An ihm habe ich meine Freude; er ist das einzige, das mir lieb ist. Dass er mich gerade so liebt wie ich ihn, dafür tue ich alles: Ich gebe ihm ein gutes Taschengeld, ich lasse ihm manches durchgehen; ich bin nicht darauf versessen, in allem mein väterliches Recht durchzusetzen. Am Ende habe ich meinen Sohn dahin gebracht: was andere hinter dem Rücken ihrer Väter tun, allerlei Jugendtorheiten, dass er mir das nicht verheimlicht. Denn wer erst einmal darauf aus ist, seinen Vater zu belügen und zu betrügen, wer sich davor nicht scheut, der wird sich um so weniger scheuen, andere zu belügen und zu betrügen. Durch das Schamgefühl und durch Grosszügigkeit die jungen Menschen zu lenken, ist besser, glaube ich, als durch die Furcht...

Der ist sehr im Irrtum, nach meinem Urteil jedenfalls, der glaubt, eine Herrschaft, die auf Gewalt gegründet ist, habe eher Gewicht und Bestand als eine, die durch Freundschaft gebunden ist... Wer nur von drohender Strafe gezwungen seine Aufgabe erfüllt, nimmt sich nur eben so lange, als er glaubt, die Sache könne entdeckt werden, eine Zeitlang in acht; kann er hoffen, sie werde verborgen bleiben, kehrt er sogleich wieder zu seinem wahren Wesen zurück. Der Sohn, den du durch Grosszügigkeit an dich bindest, handelt aus sich selbst heraus; er bemüht sich, dir mit Gleichem zu vergelten; er wird nahe bei dir und fern von dir einer und derselbe sein. Das ist väterliche Erziehung: eher den Sohn dahin zu bringen, aus eigenem Antrieb das Rechte zu tun als aus aufgezwungener Furcht; dadurch unterscheidet sich das Verhältnis des Vaters zum Sohn und das des Herrn zum Sklaven. Wer das nicht fertigbringt, gestehe sich nur ein, dass er unfähig ist, Herr zu sein über Freigeborene.»

«Nullum est iam dictum, quod non dictum sit prius», sagt Terenz im Prolog einer anderen Komödie: «Es gibt nichts mehr zu sagen, das nicht früher schon einmal gesagt wäre.» Und der Kirchenvater Hieronymus, der den Terenzvers zitiert, führt einen Ausspruch seines Lehrers Donatus dazu an: *«Pereant, qui ante nos nostra dixerunt!»* – «Zum Teufel mit denen, die vor uns unsere Ideen ausgesprochen haben!»

Drei Plädoyers für die Toleranz

Plinius der Jüngere an Geminus:

«Kennst du die Art Menschen, die sich, obwohl sie selbst Sklaven aller Lüste und Süchte sind, dennoch über die Fehler anderer derart empören, als ob sie diese darum beneideten, und gerade die am schärfsten tadeln, denen sie am meisten gleichen? – während doch sogar denen, die der Nachsicht keines anderen bedürfen, nichts besser ansteht als Milde. Ich jedenfalls halte denjenigen für den Besten und Lautersten, der allen anderen so bereitwillig verzeiht, als ob er selbst sich täglich verfehlte, und sich dabei doch so streng von Verfehlungen frei hält, als ob er keinem anderen jemals verziehe. Halten wir uns darum im persönlichen wie im öffentlichen Leben und überhaupt in jedem Lebensbereich an die Regel, dass wir uns selbst gegenüber unerbittlich seien, leicht zu erbitten dagegen auch jenen gegenüber, die einzig sich selbst verzeihen können; und prägen wir unserem Gedächtnis das Wort ein, das Thrasea, dieser so milde und auch darum so grosse Mann, häufig zu sagen pflegte: „Wer die Fehler nicht will, der will die Menschen nicht.“

Du fragst vielleicht, aus welcher Veranlassung ich dir dieses schreibe. Kürzlich hat da ein gewisser – aber das berichte ich dir besser einmal mündlich; nein – auch dann nicht. Denn ich fürchte, dass gerade das Verfolgen dessen, was ich missbillige, das Verurteilen, ja das blosse Berichten schon der Regel widerspricht, die wir soeben aufgestellt haben. Wer immer dieser Mensch war, was immer er getan hat – schweigen wir von ihm. Ihn mit Namen zu bezeichnen bedeutet für das Beispiel nichts, ihn nicht zu bezeichnen für die Menschlichkeit sehr viel.»

Plinius an Terentius Junior:

«Endlose Vorwürfe häufte da einer auf seinen Sohn, weil der – vielleicht etwas – zu grossen Aufwand für seine Rennpferde und Jagdhunde treibe. Zu dem sagte ich, nachdem der junge Mann sich entfernt hatte: „Du, hast du denn früher nie etwas getan, was dein Vater hätte tadeln können? ‚Früher' sage ich? Tust du nicht auch jetzt noch zuweilen etwas, was dein Sohn – gesetzt, auf einmal wäre er der Vater, du der Sohn – dir mit gleichem Ernst vorhalten könnte? Lassen sich nicht alle Menschen von irgendeinem Fehler leiten? Gestattet sich nicht jeder, der eine hier, der andere dort, eine kleine Schwäche?"

Dieses habe ich dir, betroffen von dem Beispiel unangemessener Strenge, angesichts unserer wechselseitigen Liebe geschrieben, dass nicht auch du einmal deinen Sohn allzu scharf und hart behandelst. Denke daran, dass er noch jung ist und du auch einmal jung gewesen bist, und gebrauche deine Vaterrechte immer nur in dem Bewusstsein, dass du selbst ein Mensch bist und der Vater eines Menschen.»

Plinius an Julius Genitor:

«Ich habe deinen Brief erhalten, in dem du dich darüber beklagst, eine Abendgesellschaft – so erlesen das Essen auch war – sei dir widerwärtig geworden, weil ständig Possenreisser, Tänzer und Narren zwischen den Tischen ihr Wesen trieben.

Willst du die strengen Falten auf deiner Stirn nicht etwas glätten? Ich habe freilich nichts Derartiges unter meinen Leuten, doch wenn andere solche Leute haben, so dulde ich es. Warum habe ich sie dann nicht? Weil ich es in keiner Weise als etwas irgendwie Überraschendes oder Vergnügliches geniesse, wenn da ein Tänzer etwas Unzüchtiges, ein Spassmacher etwas Freches, ein Narr etwas Dummes vorbringt.

Es ist kein Urteil der Vernunft, sondern eines des Geschmacks, das ich hier äussere. Und überdies: Wie viele Menschen, meinst du, gibt es, für die eben die Vergnügungen, von denen ich und du uns begeistern und hinreissen lassen, ein teils läppisches, teils überaus lästiges Ärgernis sind? Wie viele lassen sich, wenn ein Rezitator, ein Leierspieler oder ein Komödienspieler angesagt wird, ihre Schuhe bringen oder bleiben doch mit nicht geringerem Widerwillen bei Tisch liegen, als du empfunden hast, da du diese „Ungeheuerlichkeiten" – so nennst du sie ja – über dich ergehen lassen musstest. Üben wir also solchen fremden Vergnügungen gegenüber Nachsicht, dass wir gleiche Nachsicht auch für unsere eigenen erwarten können!»

Ehrenvoller Sklavendienst

Der aus seiner Heimat vertriebene, im persischen Exil lebende Spartanerkönig Demaratos zu Xerxes, in dessen Gefolge er am Perserfeldzug gegen Griechenland teilnimmt, über seine Landsleute: «Wenn sie auch frei sind, sind sie doch nicht in allem frei. Denn über ihnen steht als ihr Herr das Gesetz, das sie noch weit mehr fürchten als die Deinen dich.»

Herodot

«Die Könige des Staates: die Gesetze.» *Platon*

«Wir jedenfalls werden in dem Staat, den du jetzt mit uns gründest, die höchsten Ämter nicht in Hinblick darauf vergeben, ob einer Vermögen hat oder von derlei Gütern sonst etwas besitzt, wie Körperkräfte, Körpergrösse oder hohe Abkunft; demjenigen vielmehr, der den gegebenen Gesetzen den pünktlichsten Gehorsam leistet und in diesem Wettstreit den Siegespreis erringt im Staate, dem, sagen wir, müsse man den Dienst an den Gesetzen übergeben, den höchsten und grössten dem ersten Sieger, den zweiten dem, der an zweiter Stelle siegte, und so, dieser Rangordnung entsprechend, den nachfolgenden Siegern die anschliessenden Ämter eines nach dem anderen übertragen.

Wenn ich diejenigen, die man sonst „Herrschende" nennt, jetzt „Diener an den Gesetzen" genannt habe, so nicht um der Schöpfung eines Schlagwortes willen, sondern in der Überzeugung, dass für einen Staat auf diesem Verhältnis mehr als auf allem anderen sowohl die Sicherheit als auch ihr Gegenteil beruht. Denn wo immer das Gesetz einem Herrn unterworfen und ausser Kraft gesetzt ist, sehe ich für einen solchen Staat den Zusammenbruch nahe bevorstehen; wo immer dagegen das Gesetz selbst Herr ist über die Herrschenden und die Herrschenden Sklaven des Gesetzes,

sehe ich für diesen Staat die Sicherheit und überhaupt alles Gute, das die Götter einem Staat geben können, sich einstellen.»
Platon

«Wer nie Sklavendienst geleistet hat, wird auch nie ein Herr werden können, der Lob verdient, und eher soll einer seinen Stolz darein setzen, gut zu dienen, als gut zu herrschen, zuallererst den Gesetzen, da dieser Sklavendienst den Göttern gilt.»
Platon

«Weisst du denn nicht, mein Sohn, dass unsere Königsherrschaft ein ehrenvoller Sklavendienst ist?»
Antigonos Gonatas bei Aelian

«Ich habe es jetzt wieder und oft zuvor gesagt: dass ein guter und wohltätiger Prinzeps, den ihr mit so umfangreicher und so grosszügiger Vollmacht ausgestattet habt, dem Senat dienen müsse und oftmals auch den Bürgern insgesamt und vielfach sogar einzelnen; und ich bereue es nicht, dieses gesagt zu haben, und ich habe allezeit gute und gerechte und wohlmeinende Herren in euch gehabt und habe sie auch jetzt noch.»
Tiberius bei Sueton

«Un prince est le premier serviteur et le premier magistrat de l'État.»
Friedrich der Grosse

Zuviel Demokratie

«Verhält es sich mit der Demokratie nicht gerade so wie mit der Oligarchie: dass die Unersättlichkeit an dem Gut, in dem die Demokratie ihren höchsten Wert erkennt, auch diese Staatsform schliesslich auflöst? Ich meine die Freiheit. Denn das kannst du doch in einem demokratisch regierten Staat allenthalben hören: dass die Freiheit sein kostbarstes Gut sei und dass um ihretwillen ein Mensch, der frei geboren ist, einzig in dieser Staatsform menschenwürdig leben könne. Das hatte ich sagen wollen: Ist es nicht so, dass die Unersättlichkeit an jeder Art von Freiheit und die Vernachlässigung aller anderen Güter auch diese Staatsform allmählich verändert und am Ende dahin bringt, dass sie nach einer Diktatur verlangt?

Wenn ein demokratisch regierter Staat in seinem Freiheitsdurst unter den Einfluss übler Weinschenken gerät und sich über das gebotene Mass hinaus am unvermischten Freiheitstrank berauscht, wird er bald die Regierenden – wenn sie sich nicht hübsch zahm aufführen und reichlich Freiheit gewähren – anklagen und sie anprangern als korrumpiert und elitär gesinnt. Und diejenigen Bürger, die auf die Regierenden hören, tritt ein solcher Staat mit Füssen als willfährige Lakaien und Nichtsnutze, die Regierenden dagegen, die sich wie Regierte benehmen, und die Regierten, die sich wie Regierende gebärden, die lobt und ehrt er im privaten wie im öffentlichen Leben.

Wird in einem solchen Staat die Freiheitssucht nicht unausweichlich alles und jedes erfassen? Wird die Aufhebung aller Herrschaft nicht unaufhaltsam von der Staatsgemeinschaft auf die einzelnen Hausgemeinschaften – und zuletzt gar noch auf die Haustiere – übergreifen und darin Wurzeln schlagen? Ich meine, dass sich etwa der Vater daran gewöhnt, mit seinen Söhnen gleich zu gleich zu verkehren und sich vor seinen Söhnen zu fürchten, der Sohn wiederum, sich seinem Vater gleichzustellen und weder Scheu noch Furcht vor seinen Eltern zu empfinden, um nur ja ganz und gar frei zu sein. Und der Lehrer fürchtet sich unter solchen Verhältnissen vor seinen Schülern und biedert sich ihnen an, und die Schüler wiederum haben keinen Respekt vor ihren Lehrern und ebenso wenig vor ihren Erziehern. Und überhaupt stellen sich überall die Jüngeren mit den Älteren auf eine Stufe und treten gegen sie zum Wettstreit an, sowohl in Worten als auch in Werken; die Alten hingegen setzen sich in einen Kreis mit den Jungen, strömen über von Freundlichkeiten und Liebenswürdigkeiten und passen sich der Jugend in allem an, um nur ja nicht irgendwie als verknöchert zu gelten oder gar als repressiv.

Und welche Gleichberechtigung und Freizügigkeit im Verhältnis der Frauen zu den Männern und der Männer zu den Frauen herrscht, das hätte ich fast vergessen zu erwähnen.

Und nun erst die Haustiere: wieviel freier diese hier als anderswo leben, das wird keiner glauben wollen, der es nicht gesehen hat. Denn die Hündinnen führen sich doch ganz und gar, nach dem Sprichwort, wie die Herrinnen auf, und die Pferde und Esel, ganz frei und stolz einherzuschreiten gewohnt, rempeln auf der Strasse jeden Menschen an, der ihnen in die Quere kommt, wenn er ihnen nicht aus dem Wege geht; und so strotzt alles in unserer Stadt nur so von Freiheit.

Hast du jetzt den Kern der Sache vor Augen, wenn du alles dieses zusammennimmst: dass die im Übermass genossene Freiheit die Bürger empfindlich macht, und zwar in dem Masse, dass sie sich, wenn einer ihnen auch nur die geringste Dienstleistung abfordert, darüber schon empören und die Zumutung nicht mehr ertragen können? Und zuletzt kümmern sie sich, wie du es ja erlebt hast, auch nicht mehr um die Gesetze, weder um die geschriebenen noch um die ungeschriebenen, um nur ja nicht irgendwo noch irgendeinen Herrn zu haben.

Dieses also ist, mein Freund, der so schöne und jugendkräftige Ursprung, aus dem die Diktatur erwächst. Die gleiche Krankheit, die vorher die Oligarchie befallen und diese zerstört hatte, befällt nun aus der allgemeinen Freizügigkeit noch stärker und gefährlicher auch die Demokratie und versklavt sie. So ist es wirklich: Jede Übertreibung auf der einen Seite löst leicht einen entsprechend starken Ausschlag auf die entgegengesetzte Seite aus; so ist es bei den Jahreszeiten und bei den Pflanzen, so bei unserer Gesundheit und so denn nicht zuletzt auch bei den Staatsformen. Die übergrosse Freiheit wird, so steht es zu erwarten, in nichts anderes als in eine übergrosse Unfreiheit umschlagen, sowohl für jeden einzelnen Bürger als auch für die Gemeinschaft im ganzen. Offenbar entsteht die Diktatur also aus keiner anderen Staatsform als eben aus der Demokratie: aus der, wie ich meine, auf die Spitze getriebenen Freiheit die grösste und barbarischste Unfreiheit.» *Platon*

Weltbürger zwischen Geist und Geld

«Vaterland ist jedes Land, wo es einem gut geht.»

Aristophanes

«Patria est, ubicumque est bene.» – «Vaterland ist, wo immer es einem gut geht.» *Tragikerfragment bei Cicero*

«Gefragt, von wo er sei, sagte Diogenes: „Weltbürger." – Theodoros von Kyrene sagte, sein Vaterland sei die Welt.»

bei Diogenes Laertios

«Schliesslich wandte Anaxagoras sein ganzes Interesse der Naturwissenschaft zu und vernachlässigte seine Bürgerpflichten. Als ihn damals einer fragte: „Bedeutet dir das Vaterland denn gar nichts?", antwortete er: „Sprich nicht so – denn das Vaterland bedeutet mir sogar sehr viel!" und wies dabei zum Himmel hinauf.» *bei Diogenes Laertios*

«Ein reifer Mensch trägt, wohin immer er geht, sein Vaterland mit sich; sein Inneres birgt seinen Besitz.» *Pseudo-Varro*

«Jene anderen dagegen, die zwar von Geburt Bürger dieser Stadt sind, aber dem Gedanken anhängen, dass jedes Land ihnen Vaterland ist, in dem sie das Notwendige finden, verfolgen ungeniert, leichtfertig sich hinwegsetzend über das Gemeinwohl der Stadt, ihren eigenen Vorteil, da ihnen ja nicht die Stadt, sondern der Besitz Vaterland ist.» *Lysias*

«Chrysipp erzählt, ein schwerreicher junger Mann aus Jonien habe sich bei seinem Aufenthalt in Athen in einem Purpurgewand mit goldenem Saum gezeigt; als einer ihn fragte, woher er komme, habe er geantwortet: „Ich bin reich."» *bei Athenaios*

Alte Welt – Neue Welt

« We hold these Truths to be self-evident, that all Men are created equal, that they are endowed by their Creator with certain unalienable Rights, that among these are Life, Liberty, and the Pursuit of Happiness – That to secure these Rights, Governments are instituted among Men, deriving their just Powers from the Consent of the Governed, that whenever any Form of Government becomes destructive of these Ends, it is the Right of the People to alter or to abolish it, and to institute new Government, laying its Foundation on such Principles, and organizing its Powers in such Form, as to them shall seem most likely to effect their Safety and Happiness. »
The Declaration of Independence, 4.7.1776

«Das wahre Gesetz ist die richtig urteilende Vernunft, die mit der Natur übereinstimmt, weithin verteilt ist auf alle, festgegründet und immerwährend, die durch ihr Gebot zum rechten Handeln aufruft, durch ihr Verbot vom unrechten Tun abschreckt, die jedoch weder dem Redlichen vergebens gebietet oder verbietet, noch den Unredlichen durch ihr Gebieten oder Verbieten bewegt. Diesem Gesetz ein anderes entgegenzustellen, darf ein Mensch sich nicht vermessen, auch darf weder der kleinste Teil davon ausser Kraft gesetzt werden, noch kann es etwa gar als Ganzes einfach aufgehoben werden; und nicht einmal durch den Senat oder durch das Volk können wir von diesem Gesetz jemals entbunden werden. Auch bedürfen wir zu seiner Erklärung und Auslegung nicht der Gelehrsamkeit eines Sextus Aelius, und es wird auch nicht ein anderes Gesetz sein in Rom, ein anderes in Athen, nicht ein anderes in der Gegenwart, ein anderes in der Zukunft, vielmehr wird ein und dasselbe Gesetz alle

Völker und für alle Zeiten immerwährend und unverrückbar in eins binden, und ein und derselbe Gott wird gleichsam der gemeinsame Lehrer und Lenker aller sein: Er ist der Erschaffer dieses Gesetzes, sein Vermittler und sein Verfechter; wer immer ihm nicht gehorcht, wird sich selbst verleugnen und wird, indem er seine Menschennatur mit Füssen tritt, eben dadurch die schwersten Bussen leisten, auch wenn er im übrigen der Bestrafung – was man dafür hält – entgangen sein sollte.»

«Gottes Gesetz», so führt der Kirchenvater Laktanz dieses Zitat aus Ciceros Werk «Über den Staat» ein: «jenes heilige, himmlische, das Cicero mit fast göttlichen Worten beschrieben hat». Mit diesem *locus classicus* für ein überall und allezeit gültiges, zugleich göttliches und natürliches Gesetz, für Menschenrechte, die kein Staat aberkennen, und Menschenpflichten, von denen kein Staat entbinden kann, ist Cicero vor zweihundert Jahren zum Mitstreiter für die Unabhängigkeit der dreizehn Kolonien geworden. Die Ideen der Alten Welt haben eine mächtige Wirkung auf die Architekten der Neuen Welt ausgeübt. Aristoteles, Polybios und Cicero können als die klassischen Väter der amerikanischen Verfassung gelten; auf sie geht die Idee einer aus monarchischen, aristokratischen und demokratischen Elementen «gemischten» Verfassung zurück.

Männer wie Thomas Jefferson, der die Unabhängigkeitserklärung entwarf, und John Adams, der ihm in der Präsidentschaft folgte, waren in Athen und Rom ebenso zu Hause wie in Virginia und Massachusetts. *«I should as soon think of shutting all my window-shutters to enable me to see, as of banishing the classics to improve Republican ideas»*, schreibt Adams 1789 an den Mitunterzeichner der Unabhängigkeitserklärung Benjamin Rush, der für eine Abschaffung des Griechisch- und Lateinunterrichts an den Schulen eingetreten war, und wiederum 1814 an Jefferson: *«Classics, in spite of our friend Rush, I must think indispensable.»* Die Alterskorrespondenz der beiden grossen Staatsmänner Thomas Jefferson und John Adams ist voll der eindrücklichsten Zeugnisse für die lebendige Gegenwart der Antike in den Vereinigten Staaten jener Zeit. *«I have given up newspapers in exchange for Tacitus and Thukydides, for Newton and Euclid; and I find myself much the happier»*, schreibt Jefferson 1812 an Adams, und Adams antwortet: *«I have read Thukydides and Tacitus, so often, and at such distant periods of my life ... When I read them, I seem to be only reading the history of my own times and my own life.»*

Allein mit Platon vermochten Jefferson und Adams nichts anzufangen; mehr noch: sein Ruhm war ihnen ein Ärgernis. Im Frühjahr 1814 las der siebzigjährige Jefferson den «Staat» zum erstenmal von Anfang bis Ende. Er schreibt dem Freund: *«I amused myself with reading seriously Plato's Republic. I am wrong however in calling it amusement, for it was the heaviest task-work I ever went through. ...While wading through the whimsies, the puerilities, and unintelligible jargon of this work, I laid it down often to ask myself, how it could have been that the world should have so long consented to give reputation to such nonsense as this? ...His foggy mind is forever presenting the semblances of objects which, half seen through a mist, can be defined neither in form or dimension. Yet this which should have consigned him to early oblivion, really procured him immortality of fame and reverence.»* Und Adams erwidert: *«I am very glad you have seriously read Plato, and still more rejoiced to find that your reflections upon him so perfectly harmonize with mine. Some thirty years ago I took upon me the severe task of going through all his works. ...My disappointment was very great, my astonishment was greater, and my disgust was shocking. Two things only did I learn from him: 1. that Franklins ideas of exempting husbandmen and mariners etc. from the depredations of war were borrowed from him, 2. that sneezing is a cure for the hickups.»*

Überlebenschancen

In seinem Dialog «Protagoras» lässt Platon den *Grand Old Man* der griechischen Sophistik – nicht ganz ohne rhetorischen Schnickschnack, versteht sich – einen politischen Mythos erzählen; es geht darin um die anfängliche Erschaffung und das gefährdete Überleben des Menschengeschlechts, um seine mangelhafte natürliche Organ-Ausstattung und seine technische und politische Extra-Ausstattung. Da spricht uns Gegenwärtige über mehr als zwei Jahrtausende hinweg eine aktuelle Botschaft an: dass nicht eine noch so hoch entwickelte Hochtechnologie, heisse sie nun abschreckend ABC oder abwehrend SDI, sondern einzig und allein die politische Fähigkeit zu Freundschaft und Frieden das Überleben der menschlichen Spezies verlässlich zu sichern vermag:

«Es war einmal eine Zeit, da es Götter bereits gab, sterbliche Geschlechter aber noch nicht. Als dann endlich auch für diese die vorbestimmte Zeit der Entstehung gekommen war, modellierten die Götter im Innern der Erde erst die blossen Tier- und Menschenleiber, indem sie Erde und Feuer dazu vermischten und die übrigen Elemente, die sich mit Feuer und Erde vermengen. Dann, als sie diese sterblichen Geschlechter schliesslich ans Licht emporführen wollten, gaben sie Prometheus und Epimetheus den Auftrag, sie vollends auszustatten und den einzelnen Gattungen Fähigkeiten zuzuteilen, wie es einer jeden entspricht. Von Prometheus aber bat Epimetheus sich aus, dass er zuteilen dürfe; „wenn ich dann zugeteilt habe", sagte er, „sieh du es dir nachher an!" Und so beredete er ihn und teilte zu.

Wie er nun zuteilte, verlieh er den einen Stärke ohne Schnelligkeit, die Schwächeren stattete er dafür mit Schnelligkeit aus; die einen bewaffnete er, den anderen gab er eine unbewaffnete Gestalt, ersann für sie aber irgendeine andere

Fähigkeit zum Überleben. Denn die er von diesen mit Kleinheit bekleidete, denen teilte er ein beflügeltes Entkommen oder eine unterirdische Behausung zu; die er dagegen durch Grösse mehrte, deren Überleben sicherte er eben dadurch; und derart auf Ausgleich bedacht, teilte er auch alles übrige zu. Alles dieses kehrte er vor, um zu verhüten, dass eine der Gattungen ausgerottet würde. Nachdem er ihnen so hinreichend Sicherheit vor wechselseitiger Vernichtung geboten hatte, ersann er ihnen einen Schutz und Schirm, die von Zeus gesandten Jahreszeiten leichter zu ertragen: Er umkleidete sie mit dichtem Haar und dicker Haut, ausreichend, die Winterkälte abzuwehren, aber auch, die Sommerhitze fernzuhalten, und dieser gleiche Schutz und Schirm sollte ihnen auch, wenn sie ihre Schlafstätten aufsuchten, als ihre eigene, auf dem eigenen Leib gewachsene Decke dienen; und er beschuhte sie, die einen mit Hufen, die anderen mit dicker, nicht durchbluteter Hornhaut.

Weiter verschaffte er ihnen verschiedenartige Nahrung, jeder Gattung wieder eine andere: den einen aus der Erde spriessendes Weidegrün, anderen auf Bäumen wachsende Früchte, wieder anderen Wurzeln. Einigen Gattungen gab er als Nahrung aber auch, andere Tiere zu fressen; und diesen fleischfressenden Gattungen teilte er eine geringe Vermehrung zu, denen ihrer Beutetiere dagegen eine starke Vermehrung und verschaffte so doch der Gattung ein gesichertes Überleben.

Da Epimetheus am Ende nun doch nicht so sehr klug war, hatte er mit einem Mal unversehens die zu verteilenden Fähigkeiten sämtlich für die vernunftlosen Tiergattungen aufgebraucht. Übriggeblieben war ihm zuletzt, noch unausgestattet, das Menschengeschlecht, und er war ratlos, was er mit ihm machen sollte. Dem Ratlosen gerade zurecht kam da Prometheus zurück, um sich die Zuteilung anzusehen, und fand die Tiere gehörig mit allem versehen, den Menschen dagegen nackt, unbeschuht, unbedeckt und unbewaffnet. Schon war auch der vorbestimmte Tag gekommen, an dem auch der Mensch aus der Erde ans Licht hinaustreten sollte. Wie Prometheus in seiner Bedrängnis nun keinen Ausweg mehr wusste, welche Überlebenschance er für den Menschen nun noch finden könne, stahl er von Hephaistos und Athene das technische Wissen zusammen mit dem Feuer – denn unmöglich hätte ja irgendjemand ohne das Feuer dieses Wissen erwerben oder gebrauchen können –, und so schenkte er es schliesslich dem Menschen.

Das technische Wissen nun, sich den notwendigen Lebensunterhalt zu beschaffen, hat der Mensch auf diese Weise erhalten; das politische Wissen jedoch, Rechtsverhältnisse und Staatsgemeinschaften zu begründen, besass er noch nicht; denn das lag bei Zeus. Prometheus aber durfte in der olympischen Akropolis, der Wohnung des Göttervaters, nicht mehr frei ein- und ausgehen – vor dem Tor waren ja auch die furchtbaren Wachen des Zeus aufgestellt; in die gemeinsame Werkstätte der Athene und des Hephaistos aber, in der diese beiden ihre philotechnischen Künste trieben, drang er heimlich ein, stahl das an das Feuer gebundene technische Wissen des Hephaistos und das andere der Athene und gab sie dem Menschen. Und seitdem hat der Mensch leichte Mühe, sich seinen Lebensunterhalt im Überfluss zu beschaffen; den Prometheus aber hat wegen Epimetheus später, wie erzählt wird, die Strafe für seinen Diebstahl ereilt.

Da der Mensch auf diese Weise nun Anteil erhalten hatte am göttlichen Eigentum, glaubte er erstlich wegen seiner Verwandtschaft mit dem Gott als einziges von den Lebewesen an Götter und machte sich daran, Altäre zu errichten und Götterbilder aufzustellen.

Darauf artikulierte er in kurzer Zeit seine Stimme und formte Wörter, vermöge seines technischen Wissens, und erfand sich Häuser, Kleider, Schuhe, Decken und die aus der Erde zu gewinnende Nahrung.

So denn eingerichtet und wohlausgestattet, wohnten die Menschen anfänglich weit verstreut; Städte gab es noch nicht. Nun fielen die Menschen aber beständig den wilden Tieren zum Opfer, da sie diesen ja in jeder Hinsicht unterlegen waren. Das handwerklich-technische Wissen war ihnen zum Nahrungserwerb zwar eine hinreichende Hilfe; zum Krieg gegen die wilden Tiere aber reichte es nicht aus – denn noch besassen die Menschen ja nicht das politische Wissen, von dem das kriegerische ein Teil ist. Schliesslich suchten sie sich zu sammeln und dadurch zu überleben, dass sie Städte gründeten. Doch als sie sich dann gesammelt hatten, fügten sie einander fortwährend Unrecht zu – da sie ja das politische Wissen noch nicht besassen –, so dass sie sich wiederum zerstreuten und wie vorher durch die wilden Tiere umkamen.

Da kam in Zeus Furcht auf um unser Geschlecht, es könne derart noch ganz zugrunde gehen, und er entsandte Hermes, Ehrfurcht und Recht zu den Menschen zu bringen, dass es unter ihnen Staatsordnungen gebe und einigende Freundschaftsbande. Hermes fragte nun Zeus, auf welche Weise er den Menschen Recht und Ehrfurcht geben solle: „Soll ich, wie die technischen Fertigkeiten verteilt sind, so auch diese verteilen? Jene sind so verteilt: ein einziger, der die ärztliche Kunst beherrscht, reicht aus für viele Laien, und ebenso die übrigen, die ein technisches Wissen besitzen. Soll ich also auch Recht und Ehrfurcht so unter die Menschen bringen, oder soll ich sie auf alle verteilen?" „Auf alle", erwiderte Zeus, „und alle sollen an ihnen teilhaben; denn Staatsgemeinschaften könnten sich nicht bilden, wenn nur wenige an diesen teilhaben sollten wie an jenen anderen, technischen Fertigkeiten. Und ein Gesetz noch gib ihnen von mir: den, der nicht fähig ist teilzuhaben an Ehrfurcht und Recht, zu töten als eine Krankheit des Staates."»

Natürliche Feinde

«Wenn wir auch vielfältigen Nutzen ziehen aus der Verständigung der Menschen untereinander und aus ihrer Zusammenarbeit, so ist doch kein Verderben so abscheulich, dass es nicht dem Menschen vom Menschen erwüchse. Es gibt von Dikaiarchos, dem bedeutenden, vielseitig gelehrten Aristoteliker, ein Buch über Menschheitskatastrophen. Darin stellt er zunächst alle die übrigen Katastrophenursachen zusammen – Überschwemmungen, Seuchen, Trockenperioden, auch plötzlich auftretende Tierplagen –, durch deren Gewalt, wie er darlegt, diese oder jene Völkerstämme zugrunde gegangen sind; darauf stellt er dem gegenüber, wieviel mehr Menschenleben durch die Gewalttätigkeit der Menschen selbst, durch Kriege oder Unruhen, vernichtet worden sind als durch alle diese Naturkatastrophen.»

Cicero

«Warum nimmst du dich in acht vor Gefahren, die dir vielleicht begegnen können, aber auch nicht begegnen können? Eine Feuersbrunst meine ich, einen Hauseinsturz, anderes, was zufällig über uns hereinbricht, nicht heimtückisch uns auflauert; auf solche Gefahren vielmehr habe acht, solchen Gefahren geh aus dem Weg, die uns beobachten, die uns Fallen stellen. Vergleichsweise selten sind Unglücksfälle, wenn sie auch noch so schwer treffen: einen Schiffbruch erleiden, mit dem Wagen verunglücken: – Vom Menschen erwächst dem Menschen eine tägliche Bedrohung. Gegen diese rüste dich und mache dich bereit, auf diese richte dein gespanntes Augenmerk. Kein Übel ist häufiger, keines hartnäckiger, keines trügerischer. Und ein Seesturm droht noch, bevor er sich erhebt, Gebäude knistern und krachen noch, bevor sie einstürzen, Rauch kündigt einen Brand im voraus an: – Unversehens droht vom Menschen das Verderben, und um so sorgfältiger tarnt es sich, je näher es sich heranschleicht.

Du gehst irre, wenn du den Mienen derer, die dir unterwegs begegnen, vertrauen willst: Vom Menschen haben sie die äussere Erscheinung, im Inneren die Wesensart von Raubtieren – mit dem einzigen Unterschied, dass bei diesen gefährlich nur der erste Angriff ist: Was ihnen einmal entgangen ist, das verfolgen sie nicht weiter. Denn diese Tiere treibt niemals etwas anderes zum Jagen und Töten als die Notwendigkeit; entweder durch den Hunger oder durch die Furcht werden sie zum Kampf genötigt: – Einem Menschen ist es eine Lust, einen Menschen zu verderben.» *Seneca*

«Der Skythe Anacharsis erwiderte auf die Frage, welche natürlichen Feinde die Menschen hätten: „Sich selbst".»

bei Stobaios

Nach uns die Sintflut?

Unter der Drohung furchtbarer Hungerkatastrophen und weltweiter Energie- und Wirtschaftskrisen, angesichts der zunehmenden Verpestung unseres Planeten und der Erschöpfung seiner Reserven, ganz zu schweigen von der apokalyptischen Vision eines nuklearen Krieges, tritt in den letzten Jahren immer stärker ein Gedanke ins Bewusstsein, den die Griechen vor mehr als zwei Jahrtausenden in faszinierender Kühnheit als erste gedacht haben: der Gedanke, dass die Menschheit eine einzige grosse Gemeinschaft ist, über alle politischen Grenzen und kulturellen Verschiedenheiten hinweg, aber auch über die Gegenwart hinaus; dass wir Verantwortung tragen nicht nur für alle Mitlebenden, sondern auch für alle künftigen Generationen. In einem Referat Ciceros lesen wir:

«Den Zugang zur Sache, meinen die Stoiker, erschliesse die Erkenntnis, dass es von Natur aus so eingerichtet sei, dass die Kinder von ihren Eltern wie erzeugt so auch geliebt werden. Von diesem Ursprung ausgehend, kommen wir schliesslich zur umfassenden Gemeinschaft des Menschengeschlechts. Diese Erkenntnis drängt sich uns schon aus dem Bauplan und den Organen des Körpers auf, die unmittelbar bezeugen, dass die Fortpflanzung in der Absicht der Natur liegt. Aber dies liesse sich nicht miteinander vereinen: dass die Natur die Fortpflanzung wollte und nicht zugleich dafür sorgte, dass die Nachkommen geliebt werden. Und selbst bei den Tieren lässt sich die Gewalt des Naturtriebes deutlich erkennen: Blicken wir auf ihre Anstrengung bei der Geburt und der Aufzucht, so meinen wir die Stimme der Natur selbst zu vernehmen. Das bedeutet, dass wir von der Natur selbst den Trieb haben, die Kinder, die wir erzeugt haben, auch entsprechend zu lieben.

Daraus geht hervor, dass es von der Natur geradezu eine allgemeine Empfehlung gibt, die alle Menschen unter Menschen mitbringen, so dass der eine Mensch dem anderen eben aus dem Grunde, dass er ein Mensch ist, nicht als ein Fremder erscheinen darf. Denn wie bei den Körperorganen einige gleichsam für sich geschaffen sind, wie die Augen oder die Ohren, andere auch zur Leistung der übrigen Organe beitragen, wie die Beine oder die Hände, so sind einige wilde Tiere allein für sich geschaffen. Aber auf der Gegenseite stehen zum Beispiel die sogenannte Pinna, eine Steckmuschel mit weit aufklaffender Schale, und der kleine Krebs, der aus der Muschel herausschwimmt und der, weil er sie bewacht, *Pinnoteres*, «Steckmuschelwächter», genannt wird. So oft dieser sich in dieselbe Muschel wieder zurückzieht, wird er von ihr eingeschlossen, so dass es den Anschein hat, als habe er sie gewarnt, sie solle sich vor einem Angriff schützen. Und ebenso tragen die Ameisen, Bienen und Störche manches zum Vorteil ihrer Artgenossen bei.

In viel engerer Verbundenheit tun dies die Menschen. Das bedeutet: Von Natur aus sind wir veranlagt zu Vereinigung, Gesellschaft und Staatsgemeinschaft. Das Weltganze aber, lehren die Stoiker, werde regiert durch den Willen der Götter, und dieses sei gleichsam die umfassende Staatsgemeinschaft der Menschen und der Götter, und jeder Einzelne von uns sei ein Teil dieses Weltganzen. Daraus leite sich von Natur aus die bekannte Verpflichtung her, dass wir das Interesse der Gemeinschaft unserem Privatinteresse überordnen. Denn wie die Gesetze das Wohl der Gemeinschaft über das Wohl Einzelner stellen, so sorgt ein Mann, der Anstand und Einsicht besitzt, den Gesetzen gehorcht und seine Bürgerpflicht nicht ausser acht lässt, mehr für das Interesse der Gemeinschaft als für das irgendeines Einzelnen oder sein eigenes. Und nicht schärfer ist zu tadeln, wer sein Vaterland verrät, als wer das Interesse oder das Wohl der Gemeinschaft preisgibt zugunsten seines eigenen Interesses oder Wohles...

Und da ja der berüchtigte Spruch derer als unmenschlich und kriminell gilt, die sagen, sie hätten nichts dagegen, wenn nach ihrem Tode über alle Länder der Weltbrand hereinbreche (was sie gern mit einem geflügelten griechischen Vers ausdrücken), so trifft gewiss auch die umgekehrte Verpflichtung zu: dass wir auch für die Menschen, die in Zukunft einmal leben werden, um ihrer selbst willen Vorsorge treffen müssen.

Und da kein Mensch sein Leben in vollkommener Einsamkeit verbringen möchte, selbst nicht inmitten einer unbeschränkten Fülle von Genüssen, ist leicht einzusehen, dass wir zu wechselseitiger Verbundenheit und geselligem Zusammenleben der Menschen untereinander, zu einer naturgegebenen Gemeinschaft geschaffen sind.»

Kein Overkill

Im Kapitel «Fische», Abschnitt «Maul», seiner «Vergleichenden Morphologie der Tiere» teilt Aristoteles eine bemerkenswerte Beobachtung zum Thema Sicherheit mit. Gerade einige der gefährlichsten Raubfische, sagt er da, haben ihr Maul nicht, wie im allgemeinen Bauplan der Blut- oder Wirbeltiere vorgesehen, auf der «vorderen», der Bauchseite des Körpers, sondern auf der «hinteren», der Rückenseite – sie müssen sich jedesmal erst «umdrehen», ehe sie zuschnappen können. Ein Schildbürgerstreich der Natur? Im Gegenteil – Aristoteles erklärt diese Versetzung des Raubfischmauls ins Abseits eher als einen Geniestreich der Natur, als eine Art Rüstungsbeschränkung. Die Sekunden, die der Raubfisch mit dem «Umdrehen» verliert, gewinnt der Beutefisch zur Flucht; durch das dem Aggressor auferlegte Handicap wahrt die Natur das Gleichgewicht zwischen Angreifer und Angegriffenem. Und dieses Gleichgewicht schützt, wie Aristoteles hinzufügt, nicht nur die Beutefische, sondern auch den Raubfisch selbst vor seiner eigenen Fressgier: Käme er leichter zu seiner Beute, würde er sich bald zu Tode fressen.

Dies, der Raubfisch mit eingebautem Handicap, ist in der Zoologie des Aristoteles ein Sonderfall; doch eine ins Sinnlose übersteigerte Rüstung schliesst er für die Natur grundsätzlich aus. Er spricht davon in den Kapiteln über Zähne und Hörner. Jeder Gattung hat die Natur eine Sicherheitsausstattung verliehen, die Gewähr bietet für ihre Erhaltung; den einen mächtige Hörner, anderen ein Raubtiergebiss, anderen Stosszähne «wie Hörner, die aus dem Kiefer hervorwachsen», wieder anderen massive Hufe, um nur die hauptsächlichen Waffen der grossen Vierfüssler zu nennen. Ein von den Hörnern bis zu den Hufen hochgerüstetes Super-Raubtier zu schaffen, das alle diese Waffen vereinte, wäre für die Aristotelische Natur allein schon aus Gründen des Aufwandes ausgeschlossen gewesen. Denn nach einem Satze, den Aristoteles aufgestellt und Goethe später zum Grundgesetz seiner Vergleichenden Anatomie gemacht hat, ist die Gesamtmenge der Aufbaustoffe, die der gestaltenden Natur zur Verfügung stehen, für jede Gattung begrenzt: «Die Natur kann nicht hier *und* dort grosse Aufwendungen machen»; was sie für ein Organ aufwendet, muss sie bei einem anderen einsparen. Anstatt sich zu verzetteln, fasst die Aristotelische Natur daher die Hauptmenge des erdigen Elementes entweder in den Hörnern oder in den Zähnen oder in den Hufen zusammen, um die Kraft dieses Elementes in einem einzigen kräftig ausgebildeten Wehrorgan voll zur Geltung kommen zu lassen.

Aber die gestaltende Natur, wie Aristoteles sie darstellt, unterwirft sich hierin nicht allein der Begrenztheit ihrer Mittel; indem sie die Sicherheitsausstattung auf ein einziges schlagkräftiges Organ beschränkt, folgt sie zugleich einem Prinzip der Ökonomie: «Mehrere jeweils für sich allein ausreichende Sicherheitsausstattungen hat die Natur ein und derselben Gattung nicht gegeben.» In seiner allgemeineren Form zählt dieses Prinzip zu den Grundgesetzen der Aristotelischen Morphologie: «Die Natur schafft nichts Überschüssiges, nichts Sinnloses.» Von zwei verschiedenen gleicherweise wirkungsvollen Wehrorganen, von denen entweder das eine oder das andere bereits ausreichte, wäre eines in diesem Sinne «überschüssig» und damit «sinnlos». Mit einem Wort: die Aristotelische Natur kennt kein «Overkill»; denn diese schöpferische Natur handelt stets, so lesen wir's bei dem grossen alten Zoologen, «wie ein vernünftiger Mensch».

Kalendergeschichte zum Schalttag

Welcher Tag ist der Schalttag? Eine törichte Frage: Als Schalttag erscheint in unserem Kalender der 29. Februar, der Tag, den wir nur alle vier Jahre im Schaltjahr zählen. Doch der Schein trügt: Unsere Zählung dieser Februartage vom 1. bis zum 29. übertüncht die Fuge, an der sich die gewachsene historische Schichtung ablesen liesse. Allein der Heiligenkalender gibt die ursprüngliche Zäsur noch zu erkennen: Der Schalttag unterbricht die Folge der Heiligentage zwischen dem 23. und dem 24. Februar und verschiebt die letzten fünf Heiligentage des Monats um einen Tag; ein Matthias feiert seinen Namenstag im Schaltjahr statt am 24. erst am 25. Februar.

Tatsächlich hat Caesar, als er im Jahre 46 v. Chr. zusammen mit seinem astronomischen Berater Sosigenes den im ganzen bis heute gültigen «Julianischen» Kalender schuf, den Schalttag nicht als Monatsletzten an den Februar angehängt, sondern ihn, alter römischer Schalttradition folgend, nach den «Terminalien», dem (nach unserer Zählung) am 23. Februar gefeierten «Grenzsteinfest», eingeschaltet. So wie die Römer die Tage zählten, nicht vorwärts, sondern rückwärts, bedeutete dies: eingeschaltet vor dem sechsten Tag, von und mit dem 1. März zurückgezählt. In einem Schaltjahr zählten die Römer diesen sechsten Tag vor dem Monatsersten, den «Kalenden» des März, zweimal; das Datum dieses Schalttages schrieben sie *«ante diem bis sextum Kalendas Martias»*, «den zweiten sechsten Tag vor dem Monatsersten des März». Nach diesem «zweiten sechsten Tag», dem *dies bissextus,* nannten die Römer später das Schaltjahr *annus bissextus;* daher das französische *bissextile* und das italienische *bissestile.*

Vor der ordnungstiftenden Einführung des Julianischen Kalenders am 1. Januar des Jahres 45 v. Chr. ging der römische Kalender, wie Theodor Mommsen einmal bissig bemerkte, weder nach der Sonne noch nach dem Monde, sondern «gänzlich ins Wilde». Immerhin orientierte sich das altrömische oder präziser: das vorcäsarische Jahr doch stärker am Mond als an der Sonne. Mit seinen zwölf Mondmonaten zu je 29½ Tagen, denen man aus unerfindlichen Gründen noch einen 355. Tag zugefügt hatte, eilte es dem Sonnenlauf Jahr für Jahr um zehn Tage voraus, von dem restlichen Vierteltag gar nicht erst zu reden. Man musste also kräftig schalten und wieder schalten, wenn in den Sommermonaten Sommerwetter und in den Wintermonaten Winterwetter bleiben und auch die Götterfeste im Kalender zur rechten Jahreszeit gefeiert werden sollten.

So legten die alten Römer vor Caesars Kalenderreform statt einzelner Schalttage gleich ganze Schaltmonate ein. In der Regel hätte dafür ein vierjähriger Schaltzyklus mit zwei Gemeinjahren von je 355 Tagen und zwei Schaltjahren von 377 bzw. 378 Tagen massgeblich sein sollen; die beiden Schaltmonate von 22 bzw. 23 Tagen wurden jeweils gegen Ende des römischen Jahres nach dem volkstümlichen Grenzsteinfest am 23. Februar bzw. einen Tag später in den Kalender eingeschaltet.

Doch zumindest in den letzten beiden Jahrhunderten der römischen Republik kündigten die Priester, denen die Aufsicht über den Kalender oblag, diese Schaltmonate nicht mehr in dem festgelegten, verbindlichen Zyklus, sondern oft genug aus freiem Ermessen nach Lust und Laune an, und man kann nicht behaupten, dass sie in diesen Kalenderdingen immer mit glücklicher Hand geschaltet und gewaltet hätten. Bald vernachlässigten die Pontifices ihre Schaltkompetenzen aufgrund schierer Unwissenheit oder Gleichgültigkeit, bald missbrauchten sie ihre Rechte offenkundig zu opportunistischen Terminschiebereien, wenn es etwa galt, unliebsame politische oder forensische Termine durch Schalten oder auch Nicht-Schalten hinauszuschieben oder vorzuverlegen.

Jedenfalls war der römische Kalender 190 v. Chr., im Jahr des Sieges über den Seleukidenkönig Antiochos III., der Sonne um 119 Tage und 168 v. Chr., im Jahr des Sieges über den Makedonenkönig Perseus, immer noch um 74 Tage voraus. Der Dichter Ovid hat dieses krasse Missverhältnis zwischen kriegerischem Erfolg und kalendarischem Wirrwarr am Anfang seines Kalendergedichts in die reizvolle, treffliche Formel gefasst: «Auf die Waffen, Romulus, hast du dich bekanntlich von jeher besser verstanden als auf die Sterne ...».

Ein bezeichnendes Zeugnis für die erstaunliche Willkür, mit der damals geschaltet oder auch nicht geschaltet wurde, ist ein Brief, den Cicero am 13. Februar des Jahres 50 v. Chr. aus dem syrischen Laodicea an seinen Freund Atticus schrieb; darin bittet er seinen Freund um Nachricht, ob es am Ende des gleichen Monats, also nur zehn Tage später, in Rom wohl noch einen Schaltmonat geben werde oder nicht.

Im Vorjahr der Kalenderreform, im Jahre 46 v. Chr., musste Caesar insgesamt nicht weniger als neunzig Tage einschalten, einen 23tägigen Schaltmonat Ende Februar und weitere 67 Extra-Tage Ende November, damit sein Julianischer Kalender am 1. Januar des nächsten Jahres im Einklang mit dem Sonnenjahr anlaufen konnte. Das wäre, wie wenn wir etwa im März Dezember oder im Dezember September hätten. Angesichts der horrenden Fehlleistungen der römischen Kalendermacher hatte es gar nicht weiter auffallen können, dass jeder vorcäsarische Schaltzyklus mit vier Jahren von zuerst 355, darauf 377, wieder 355 und schliesslich 378 Tagen um vier Tage zu lang bemessen war, was im Laufe einer Generation allein schon zu einem Fehler von einem Monat aufgelaufen wäre.

Caesars ebenso tiefgreifende wie behutsame Kalenderreform setzte diesem ganzen Wirrwarr mit einem Schlag und auf lange Zeit ein Ende. Gestützt auf jahrhunderteweit zurückreichende babylonische Beobachtungen und Aufzeichnungen, hatte Hipparchos von Nikaia, der bedeutendste Astronom der Antike, schon im 2. Jahrhundert v. Chr. die Länge des Sonnenjahres mit 365 Tagen, 5 Stunden, 55 Minuten und 12 Sekunden – nur um 6 Minuten und 26 Sekunden zu lang – präzis bestimmt und damit den überlieferten babylonischen «groben» Schätzwert von 365¼ Tagen nicht nur bewundernswert verfeinert, sondern auch definitiv bestätigt. Caesar und sein astronomischer Berater, der Grieche Sosigenes, legten dem neuen Julianischen Kalender das alte ägyptische Jahr von 365 Tagen zugrunde und glichen den Fehlbetrag von knapp sechs Stunden durch die Einschaltung eines Schalttages in jedem vierten Jahr aus. Zufällig ergab sich so wiederum ein Vierjahreszyklus, diesmal mit drei Gemeinjahren von je 365 Tagen und einem Schaltjahr von 366 Tagen. Die zehn Tage, um die das neue Gemeinjahr nun länger war als das alte, verteilte Caesar auf die bis dahin 29tägigen Monate Januar, April, Juni, *Sextilis* (den späteren August), September, November und Dezember, die mit diesen jeweils ein oder zwei Zusatztagen auf ihre heute geläufige Länge von 30 bzw. 31 Tagen kamen. Den einen Schalttag fügte er an der Stelle des alten Schaltmonats nach dem populären Grenzsteinfest am 23. Februar, wenige Tage vor dem römischen Jahresschluss, in den weiterhin 28tägigen Februar ein.

Die Behutsamkeit, mit der Caesar bei dieser so grundstürzenden und grundlegenden Kalenderreform sowohl die altvertrauten Namen der römischen Monate und ihre unterschiedliche Länge als auch die althergebrachte von den Stichtagen der Kalenden, Nonen und Iden ausgehende rückläufige Tageszählung bewahrte, lässt auf die Stärke der Widerstände im römischen Senat und Volk schliessen. Doch bei allem Bemühen, wenigstens die äussere Erscheinung des Überlieferten zu bewahren, und bei aller Rücksicht auf alte Kulttraditionen und den römischen Festkalender blieb Caesar nicht vom Hohn und Spott seiner politischen Gegner verschont, die selbst in seinem Kalenderedikt noch ein Stück verhasster Diktatur erblickten. Auf den beiläufigen Hinweis eines Bekannten, morgen gehe das Sternbild der Leier auf, erwiderte Cicero in jenen Tagen einmal lakonisch und verbittert: «Ja, auch das nach Edikt!»

Nach der Ermordung des Diktators an den Iden des März des Jahres 44 v.Chr. empörte sich der gleiche Cicero zwar noch gehörig, als in Rom das Apollonfest für den erst im Winter 45/44 v.Chr. zu Caesars Ehren umbenannten Monat *Iulius* statt für den römisch nüchtern durchgezählten «fünften Monat», den *Quintilis*, angekündigt wurde. Doch der mächtige Umschwung der öffentlichen Meinung zugunsten der Cäsarianer in der Hauptstadt und in der Folge die Entscheidungen auf den Kriegsschauplätzen, bei Philippi und vor Actium, sicherten mit dem Prinzipat des Octavianus, des späteren Kaisers Augustus, auch den Fortbestand des epochemachenden «Julianischen» Kalenderwerks.

Vorerst freilich schien sich für die Römer der Vorrang der Waffen vor den Sternen noch einmal zu bestätigen. Während die Kontrahenten Octavianus und Antonius im Osten des Reichs den letzten Akt des hundertjährigen römischen Bürgerkrieges ausfochten, schalteten die Kalenderpriester in Rom offenkundig in Unkenntnis der elementarsten astronomischen Daten den Schalttag irrtümlich in jedem dritten statt in jedem vierten Jahr ein, und es dauerte sage und schreibe volle 36 Jahre, bis man diese Kinderkrankheit des Julianischen Kalenders auch nur diagnostizierte, und weitere zwölf Jahre, bis man den Fehler durch wiederholte Aussetzung der nachfolgenden Schalttage wieder ausgeglichen hatte. Ein halbes Jahrhundert nach diesem grotesk anmutenden Fehlstart liess Kaiser Augustus den Julianischen Kalender noch einmal starten, und dieses Mal fand und hielt er seinen regelmässigen Vierjahresrhythmus. Das erste nach den zwölf falsch geschalteten wieder richtig eingefügte Schaltjahr fiel nach unserer später eingeführten Zeitrechnung auf das Jahr 8 n. Chr.; so hat es sich ganz zufällig, aber gewiss praktisch ergeben, dass in unserer Jahreszählung alle Schaltjahre, wie nächstens die Jahre 1988, 1992 und 1996, als Vielfache der Vier gezählt werden.

Die sieben Götter der Woche...

«Die Tage der Götter: des Kronos, des Helios, der Selene, des Ares, des Hermes, des Zeus, der Aphrodite.» So steht es an einer Hauswand in Pompeji, in griechischer Sprache und Schrift. In einer anderen pompejanischen Inschrift sind Markttage angezeigt, auf lateinisch, und hier erscheinen die Namen römischer Götter: «Markttage: Tag des Saturn: in Pompeji; Tag des Sol: in Nuceria; Tag der Luna: in Atella; Tag des Mars: in Nola; Tag des Merkur: in Cumae; Tag des Jupiter: in Puteoli; Tag der Venus: in Rom.» Die Tage der Gestirne Helios und Selene, Sol und Luna, der «Sonnentag» und der «Mondtag», bieten uns den Schlüssel zur Deutung dieser zweimal sieben Göttertage: Es sind, dort mit ihren griechischen, hier mit ihren römischen Namen, die sieben Wochentage.

Unsere Woche – das germanische Wort deutet auf dieses täglich «weichende», «wechselnde» Götterregiment – hat ihren ersten, älteren Ursprung im jüdischen Glauben. «Gedenke des Sabbattages, dass du ihn heilig haltest», heisst es in den Zehn Geboten im 2. Buch Mose. «Sechs Tage sollst du arbeiten...; aber der siebente Tag ist ein Ruhetag, dem Herrn, deinem Gott geweiht. Da sollst du keine Arbeit tun... Denn in sechs Tagen hat der Herr Himmel und Erde gemacht und das Meer..., und er ruhte am siebenten Tage; darum segnete der Herr den Sabbattag und heiligte ihn.»

Die griechischen und die römischen Wochentagsnamen verweisen auf einen zweiten, jüngeren Ursprung unserer Woche: auf die orientalische Astrologie. Saturn, Sonne, Mond, Mars, Merkur, Jupiter, Venus – die sieben Wochentage tragen seit der Antike bis heute die Namen der sieben Planetengötter, und dies in Rom bereits in der dritten Generation. Die babylonische und die griechische Astrologie der hellenistischen Zeit hatten den sieben «Planeten» des antiken geozentrischen Weltbildes – von aussen nach innen: dem Saturn, dem Jupiter, dem Mars, der Sonne, der Venus, dem Merkur, dem Mond – sieben babylonische und sieben griechische Götter zugeordnet; so wurden der babylonischen Liebesgöttin Ischtar die griechische Liebesgöttin Aphrodite, dem Stadtgott von Babylon Marduk der Herr des Olymp Zeus gleichgestellt. Die dritten Namen, die römischen, sind den Planeten bis heute geblieben; und die neuzeitliche Astronomie hat bei der Benennung der erst später entdeckten Planeten Uranus, Neptun und Pluto die Tradition der antiken Namengebung fortgeführt.

Die beiden siebentägigen Wochenzyklen der Antike, die jüdische Woche aus den sechs Arbeitstagen und dem einen Ruhetag, und die ursprünglich babylonische, dann griechische und schliesslich römische Woche aus den sieben Planetentagen, sind im römischen Reich in der frühen Kaiserzeit ineinandergeflossen und miteinander verschmolzen. Der Gott der Juden wurde dem Saturn gleichgesetzt, der Sabbat dem Tag des Saturn, dem heutigen Samstag. Die überall verstreuten jüdischen Gemeinden, die Hochkonjunktur der Astrologie und nicht zuletzt die beginnende christliche Mission trugen auf je verschiedene Weise, aber doch gemeinsam höchst wirkungsvoll dazu bei, den siebentägigen Wochenzyklus im römischen Reich zu verbreiten. Um die Wende vom 1. zum 2. Jahrhundert n. Chr. konnte der jüdische Historiker Josephus nicht ohne Stolz feststellen: «Es gibt keine griechische Stadt mehr, nicht eine einzige, und auch ausserhalb der griechischen Welt kein einziges Volk, zu dem unser Brauch des Siebenten Tages, an dem wir Feiertagsruhe halten, nicht vorgedrungen wäre.»

In den Wochentagsnamen der germanischen Sprachen leben die alten Planetengötter, nun in die vierte Generation übersetzt, bis heute bei uns fort. Der «Tag des Sol», lateinisch *Solis dies*, und der «Tag der Luna», lateinisch *Lunae dies*, italienisch *lunedì*, französisch *lundi*, sind in «Sonntag» und

«Mon(d)tag» übersetzt. Dem römischen Kriegsgott Mars entspricht der germanische Kriegsgott Ziu Thingsus; so erscheint der römische «Marstag», lateinisch *Martis dies*, italienisch *martedì*, französisch *mardi*, im Deutschen nach dem niederrheinischen Beinamen des Gottes Thingsus als «Dienstag», im Schweizerdeutschen nach seinem Hauptnamen Ziu als «Ziischtig». Der «Merkurstag», lateinisch *Mercurii dies*, italienisch *mercoledì»*, französisch *mercredi*, begegnet uns im englischen *Wednesday* als «Wodans Tag»; im Deutschen hat die Bezeichnung der Wochenmitte den germanischen Gott verdrängt. Unser «Donnerstag», «Donars Tag», ist der Tag des «Donnerers» Jupiter; dem lateinischen *Iovis dies* entsprechen im Italienischen *giovedì*, im Französischen *jeudi*. Der «Freitag», der Tag der germanischen Liebesgöttin Freyja, vertritt den römischen «Venustag», lateinisch *Veneris dies*, italienisch *venerdì*, französisch *vendredi* – daher der alte Brauch, Hochzeiten an einem Freitag zu feiern. Beim letzten Tage der Woche erinnert einzig noch der englische *Saturday* an den römischen *Saturni dies*; unser «Samstag» geht wie der italienische *sabato* und der französische *samedi* auf den jüdischen «Sabbat» zurück.

Schon in den frühesten christlichen Gemeinden wurde der Sonntag, der dritte Tag nach dem Karfreitag, als der Tag der Auferstehung Christi gefeiert. Im Jahre 321 erklärte Kaiser Konstantin der Grosse den Tag des Sonnengottes und damit zugleich den «Tag des Herrn» zum staatlichen Feiertag; er bekräftigte so aufs neue seine epochemachende Religionspolitik, das Christentum zu tolerieren, ja nach Kräften zu fördern. Mit der Erhebung des Tages des Sonnengottes, des Sonntags, und damit auch des «Tages des Herrn» zum allgemeinen Feiertag und dann mit der Einführung der christlichen Zeitrechnung im 6. Jahrhundert hat nach der ägyptischen, der babylonischen, der griechischen und der römischen Welt zuletzt auch noch die christliche Welt unserem Kalender ihr Gepräge gegeben.

... und ihr stündlicher Wachwechsel

Woher aber bedingt sich die scheinbar so regellose Folge der sieben Planetengötter, die jedem einzelnen Tag der Woche, wie die Astrologie es lehrte, seinen Regenten und mit dem Regenten seinen Namen gegeben haben? Im geozentrischen Planetenmodell der Antike kreisen die Planeten in der Folge ihrer Umlaufzeiten um die im Weltmittelpunkt ruhend gedachte Erde: zuäusserst der Saturn, dann der Jupiter, der Mars, die Sonne, die Venus, der Merkur und schliesslich zuinnerst der Mond. In der Planetenwoche der antiken Astrologie dagegen gilt eine andere Reihenfolge: Da folgen auf den Tag des Saturn die Tage der Sonne, des Mondes, des Mars, des Merkur, des Jupiter, der Venus und schliesslich wieder des Saturn.

Diese von der Reihenfolge der Planeten so merkwürdig abweichende Reihenfolge der Wochentage bezeugt uns, dass die Planetengötter ursprünglich nicht Tagesgötter, sondern Stundengötter waren; ihr Regiment wechselte ursprünglich nicht von Tag zu Tag, sondern von Stunde zu Stunde vom äussersten, dem Saturn, zu den folgenden und dann wieder zum Saturn, vierundzwanzigmal am Tag. Erst in einem zweiten Schritt wurden diese Planeten-Stundengötter auch zu Tagesgöttern; der Regent der ersten Stunde des Tages wurde nun zum beherrschenden Regenten des Tages erhoben, dem die folgenden Stundengötter untergeordnet blieben; er gab, als beherrschender Gott des Tages, dem Tag seinen Namen.

Beginnen wir, um dies am Beispiel zu verdeutlichen, mit dem Tag des Saturn, unserem Samstag. An diesem Tag regiert Saturn die erste und dann wieder, im regelmässigen stündlichen Wachwechsel der sieben Planetengötter, die 8., die 15. und die 22. Stunde; die beiden letzten Stunden dieses Tages stehen in der Folge der Planeten von aussen nach innen unter dem Regiment des Jupiter und des Mars. Die erste Stunde des folgenden Tages steht dann unter dem Zeichen des nächstfolgenden Planeten, der Sonne; sie macht diesen ganzen folgenden Tag zum Tag der Sonne, zum Sonntag. Der Sonnengott ist an «seinem» Tag dann wieder Regent der 8., der 15. und der 22. Stunde; die beiden letzten Stunden dieses Sonntags stehen in der Folge der Planeten unter dem Regiment der Venus und des Merkur. Die erste Stunde des folgenden Tages steht darauf unter dem Zeichen des nun nächstfolgenden Planeten, des Mondes; sie macht diesen ganzen folgenden Tag zum Tag des Mondes, zum Montag, und so folgen auf den Samstag, von dem wir ja ausgegangen sind, zunächst der Sonntag und dann der Montag.

Zählt man in dieser Weise weiter die sieben Planetengötter in ihrer Folge von aussen nach innen und die vierundzwanzig Tagesstunden aneinander ab, so schliessen sich als Regenten der ersten Tagesstunde und damit zugleich als Tagesregenten der Reihe nach Mars, Merkur, Jupiter und Venus an; auf den Tag der Venus, unseren Freitag, der mit der Stunde des Mondes endet, folgen dann wieder die Stunde und der Tag des äussersten Planeten, des Saturn, und so beginnt der Umlauf der siebentägigen Planetenwoche am achten Tag mit dem Tag des Saturn, dem Samstag, von neuem. Nach siebenmal vierundzwanzig Stunden haben sich die beiden Kreise der sieben Planetengötter und der vierundzwanzig Tagesstunden zur gleichen Stunde wieder geschlossen, und eine neue Woche lässt den gleichen zuerst stündlichen, dann auch täglichen und zuletzt wöchentlichen Wachwechsel der sieben antiken Planeten von vorne beginnen. Er ist in unserem Kalender die einzige zyklische Wiederkehr, die keinerlei Schwankungen und Schaltungen kennt und seit ihrem Anlaufen in der Antike noch keinerlei Störung erfahren hat.

Stunden à la saison

«Der Monat: der Oktober, der Tag: der dreizehnte», datiert Seneca in seiner bitterbösen Satire auf die Vergöttlichung des Claudius die «Verkürbissung» des Kaisers, «die Stunde kann ich dir nicht genau sagen – leichter stimmen zwei Philosophen als zwei Uhren überein.»

Wie die Sonnenuhr, mit der Anaximander von Milet im 6. Jahrhundert v.Chr. die Äquinoktien und Solstitien bestimmte, so hatten die Griechen nach dem Zeugnis Herodots, also bis zur Mitte des 5. Jahrhunderts, auch «die zwölf Teile des Tages» von den Babyloniern übernommen. Herodot spricht von der babylonischen Doppelstunde; im 5. Jahrhundert hatte die griechische Sprache offenbar noch kein Wort für die «Stunde» als den zwölften oder vierundzwanzigsten Teil des Tages. Das griechische Wort *hóra*, das ursprünglich die Jahres- und Tageszeit, zumal die Blüte- und Reifezeit, bezeichnet, begegnet uns in der Bedeutung «Stunde», in der es dann in das Lateinische und seine Tochtersprachen übergegangen ist, erstmals bei Aristoteles in der zweiten Hälfte des 4. Jahrhunderts v.Chr.

Gleichlange «Äquinoktialstunden», wie sie auch unseren Tag gliedern, und wechselnd lange «Jahreszeitenstunden» waren in der Antike seit hellenistischer Zeit nebeneinander in Gebrauch. Der Astronom teilte den Tag in vierundzwanzig gleiche Teile; diese Äquinoktialstunden hatten ebenso wie ihre Unterteilung in Minuten und Sekunden ausschliesslich in der Wissenschaft Bedeutung. Der bürgerliche Tag der Antike dagegen unterwarf sich nicht wie unser Tag einem starren Vierundzwanzig-Stunden-Raster; er bewahrte auch nach dem Aufkommen der Stundenzählung im Sonnenaufgang seinen natürlichen Anfang, im Sonnenuntergang seinen natürlichen Abschluss – die Frage der Einführung einer «Sommerzeit» stellte sich der Antike nicht.

Vielmehr mussten sich die Stunden nach dem Tage strekken: Der je nach der Jahreszeit längere oder kürzere Tag wurde in zwölf gleiche längere oder kürzere «Jahreszeitenstunden» geteilt; der Sonnenaufgang markierte den Anfang der ersten, der Sonnenuntergang das Ende der zwölften Stunde. Nur zweimal im Jahr, an den Äquinoktien um den 21. März und den 23. September, stimmten diese bürgerlichen Stunden der Antike mit den Äquinoktialstunden überein. Am längsten und am kürzesten Tag dagegen, an den Solstitien im Juni und im Dezember, konnten sie – je nach der geographischen Breite – recht erheblich von den Äquinoktialstunden abweichen; so mass die das Alltagsleben bestimmende «Jahreszeitenstunde» in Athen und in Rom um die Zeit des Sommersolstitiums etwa fünf Viertel, um die Zeit des Wintersolstitiums etwa drei Viertel einer Äquinoktialstunde. Man mache einmal das Gedankenexperiment, modernes Leben der Ordnung dieser wechselnd langen Stunden *à la saison* einzufügen: Wie sollten angesichts solcher ständig sich dehnender und verkürzender Gummistunden etwa die Bundesbahnen ihre Fahrpläne oder die Swissair ihre Flugpläne aufstellen und einhalten? Da müssten die Intercity-Züge um die Jahresmitte trödeln und um die Jahreswende rasen, um ihre Ziele fahrplanmässig zu erreichen, und die Liegewagenzüge entsprechend umgekehrt... In der Antike war das allmähliche Zunehmen und Abnehmen der Stunden von einem Tag auf den anderen freilich kaum merklich; denn die Sonnen- oder Wasseruhren zeigten – soweit sie sich nicht vollends philosophisch gebärdeten – zuverlässig allenfalls die Viertelstunde an.

In der Zeit der Äquinoktien mag es uns noch am leichtesten fallen, uns einen Tageslauf zu vergegenwärtigen, in dem die Sonne das ganze Jahr hindurch zur gleichen Stunde aufgeht, zur gleichen Stunde ihren höchsten Stand erreicht, zur gleichen Stunde untergeht, in dem der Mittag tatsächlich die Mitte des Tages markiert. Aber wer könnte sich aus unserer Zeit, da die Quarzuhr am Handgelenk uns jederzeit nicht nur Stunde und Minute, sondern auch die Sekunde nennt, wirklich noch zurückversetzen in das klassische Athen, da Formeln wie «Wenn der Markt voll ist» oder «Wenn der Markt sich leert» die Tageszeit hinreichend genau bezeichneten, da noch keine Uhr die Stunden, geschweige denn die Minuten und Sekunden zählte?

«Leichter stimmen zwei Philosophen als zwei Uhren überein»? Mit der für einen alten Griechen oder Römer unvorstellbaren Steigerung der Ganggenauigkeit unserer Uhren haben wir's jetzt zuletzt so herrlich weit gebracht, dass unser Leben sich zwischen Morgen und Abend, Sommer und Winter nicht mehr nach dem im Wechsel weiter und enger gezogenen Sonnenbogen, sondern nach den Tag für Tag immergleich kreisenden Uhrzeigern richtet; sind wohl die neuerdings in Mode gekommenen Zifferblätter ohne Ziffern ein letzter Versuch, dieser eisernen Tyrannei der Stunden-, Minuten- und Sekundenzeiger ein Schnippchen zu schlagen? Immerhin ist dem derart synchronisierten, quarzgesteuerten Gegenwartsmenschen ein verlässlicher Trost geblieben: Um die Gangdifferenzen in der Philosophenzunft brauchen wir gewiss auch heute und in Zukunft vorerst nicht zu bangen.

Ein mythisches Massenmedium

In der phantastischen Geschwisterreihe ungeheuerlicher Ausgeburten, die der griechische Mythos der Erdgöttin Gaia zugeschrieben hat, ist nach den Titanen und Titaninnen, den riesenäugigen Kyklopen, den hundertarmigen «Hekatoncheiren», den rächenden Erinyen, den Giganten und zuletzt den schlangengestaltigen Scheusalen Typhon und Echidna die genealogisch wie auch literarisch jüngste, Vergils *Fama*, «Gerücht», für uns vielleicht die wirklichste: die mythische Schreckensvision eines allgegenwärtigen, allwissenden, allmächtigen Massenmediums. Wenigstens drei literarische Mütter hat diese Vergilische *Fama*: die Homerische *Ossa*, «Gerücht» – «das Gerücht aber lief schnell, die Nachricht überallhin verbreitend, durch die Stadt» –, die wiederum Homerische *Eris*, «Streit», die «unermüdlich eifernde» Schwester und Kampfgefährtin des Ares, «welche zuerst noch klein sich rüstet, dann aber ihr Haupt in den Himmel emporreckt und auf der Erde hinschreitet», und schliesslich die Hesiodeische *Phéme*, «Gerede» – «denn das Gerede ist übel: leicht ist es, ganz leicht, es aufzulesen, doch schmerzlich, es zu tragen, und schwierig, es abzulegen; und ein Gerede vergeht nie ganz und gar, das einmal viele Menschen geredet haben; ein Gott ist denn auch dieses».

Aber erst der Römer Vergil hat diesem «Gerücht», diesem «Gerede» im 4. Buch seiner «Aeneis» – dort, wo das Gerücht sich der heimlichen Verbindung zwischen Aeneas und Dido bemächtigt – in der Schreckensgestalt seiner *Fama* mythische Wirklichkeit gegeben:

«Eilends läuft *Fama*, Gerücht, durch Libyens bevölkerte Städte,
Fama, Gerücht, ein Übel so schnell wie nicht irgendein andres.

Andreas Paul Weber: «Das Gerücht»

Von der Beweglichkeit lebt sie, und kräftiger wird sie vom Laufen;
klein vor Furcht noch zuerst, reckt bald sie sich auf in die Lüfte,
schreitet am Boden einher und birgt das Haupt in den Wolken.
Diese hat *Terra,* die Erdmutter – sagt man – im Zorn auf die Götter
noch zuletzt, den Titanen und grausen Giganten zur Schwester,
ausgeboren, im Laufe so schnell wie im schwirrenden Fluge,
scheussliche Riesenmissgestalt: Wieviele Federn am Leibe,
soviele wachende Augen hat sie darunter – zum Staunen –,
soviele züngelnde Münder und soviele lauschende Ohren.
Nachtsüber fliegt zwischen Himmel und Erde sie durch das Dunkel,

hässlich zischelnd, und senkt nicht zu süssem Schlafe die Lider;
tagsüber sitzt sie, die Ausspäherin, bald zuhöchst auf dem Dachfirst,
bald auf ragenden Türmen und schreckt die bevölkerten Städte,
so auf Erlognem und Falschem beharrend wie Botin des Wahren.»

Ein Gedicht Georg Heyms, überschrieben «Der Gott der Stadt», mag einem da in den Sinn kommen: «Auf einem Häuserblocke sitzt er breit...» Verbirgt sich darin ein wenn auch gebrochener, so doch deutlicher Nachhall früher Vergil-Lektüre des nach einem Selbstzeugnis «über verschiedene Gymnasien hinweg deportierten» jungen Dichters?

In seiner bekannten Lithographie «Das Gerücht» aus dem Kriegsjahr 1943 hat Andreas Paul Weber diese Vergilische *Fama* mit ihren tausend Augen und Ohren, Mündern und Zungen dargestellt, wie sie im Niemandsland «zwischen Himmel und Erde» durch bodenlose Strassenschluchten dahingleitet, vorüber am Gitterwerk unendlicher Fensterreihen, aus denen sie beständig Zuwachs erhält – ein mythisches Stadt-Ungeheuer, das wie in der antiken Millionenstadt Rom so in der modernen Megalopolis so recht in seinem Elemente lebt.

Cicerone für Wahlkämpfer

«So grosses Gewicht die mancherlei Vorzüge, die ein Kandidat von Natur besitzt, auch immer haben mögen, so scheint es doch, als führe in einem Wahlkampf, der ja nur wenige Monate dauert, eine kunstvolle Image-Pflege eher zum Sieg als das natürliche Verhalten.»

«Der in der Öffentlichkeit geführte Wahlkampf fordert Namenkenntnis, Schmeichelei, Beharrlichkeit, Entgegenkommen, Von-sich-reden-Machen, Ansehen in der Politik. Als erstes: stelle in der Öffentlichkeit deine Namenkenntnis zur Schau und baue sie aus, dass sie von Tag zu Tag zunimmt; nichts sonst, scheint mir, hat so starke Wirkung auf die Wähler und setzt dich so sehr in ihre Gunst.»

«Sodann gewöhne dich an den Gedanken, dass du etwas, das du von Natur nicht besitzst, vortäuschen musst – und zwar so, dass es ganz natürlich wirkt: unbedingt bedarf es der Schmeichelei. Mag diese im übrigen Leben auch ein Fehler, und noch dazu ein verächtlicher, sein – im Wahlkampf ist sie eine Notwendigkeit. Denn wo sie in einem Menschen das Schlechte verstärkt, indem sie ihm Bestätigung gibt, da ist sie zu verwerfen; wo sie dagegen lediglich Sympathie erzeugt, da ist sie weniger zu tadeln. Für einen Wahlkämpfer ist die Schmeichelei schlechthin notwendig: Muss er doch seinen Ausdruck, seine Miene und seine Worte stets je nach den Überzeugungen und Erwartungen derer, denen er gerade gegenübersteht, verändern und anpassen.»

«Sorge dafür, dass der Zugang zu dir bei Tag und bei Nacht offensteht. Aber halte nicht nur deine Haustür offen, sondern auch deine Miene; denn sie ist die Tür zu deinem Innern. Gibt sie zu erkennen, dass du es an Wohlwollen mangeln lässt, so nützt es wenig, dass deine Haustür offensteht.»

«Die Menschen verlangen nicht einfach irgendwelche Versprechungen, vor allem wenn sie von einem Kandidaten etwas fordern; sie verlangen grosszügige und sie ehrende Versprechungen. Die eine Regel, die daraus folgt, ist leicht zu beachten: Willst du dir eine Sache zu eigen machen, so zeige, dass du sie energisch und engagiert vertreten willst. Die zweite Regel ist schwerer zu befolgen: Kannst du dir eine Sache nicht zu eigen machen, lehne sie entweder auf eine für den anderen angenehme Weise ab oder besser: lehne sie gar nicht ab. Das erste ist die Art eines untadeligen Mannes, das zweite die eines untadeligen Wahlkämpfers.»

«Wird von dir etwas gefordert, was du mit Wahrung des Anstandes oder ohne Nachteil für dich selbst nicht versprechen kannst, wie zum Beispiel wenn einer verlangt, du sollest einen Prozess gegen einen deiner Freunde übernehmen, so musst du das auf eine liebenswürdige Weise ablehnen. Mache ihm klar, wie dir die Hände gebunden sind, zeige ihm, wie schwer es dir fällt, ihm eine Absage zu geben, versichere ihm, du wollest das bei nächster Gelegenheit wiedergutmachen. Die Menschen lassen sich durch liebenswürdige Gesten und Worte leichter gewinnen als durch tatsächlich erwiesene Dienste.»

«Die Menschen sind alle so geartet, dass sie lieber eine Lüge als eine Absage hören wollen. Gaius Cotta, dieser Meister im Wahlkampf, sagte öfter, er pflege seine Unterstützung, soweit man nichts gegen Sitte und Gesetz von ihm fordere, zunächst ausnahmslos allen zu versprechen, sie nach der Wahl aber nur denen zu geben, bei denen er sie am besten angelegt glaube. Er schlage deswegen niemandem etwas ab, weil oft unvorhergesehen ein Umstand eintrete, der den anderen daran hindere, auf das Versprechen zurückzukommen; oft auch stelle sich später heraus, dass er selbst mehr Handlungsfreiheit habe, als er gedacht hatte. Der könne keine grosse Anhängerschaft sammeln, der in sein Programm nur so viele Forderungen aufnehme, wie er glaube erfüllen zu können.»

«Sorge dafür, dass dein Wahlkampf von Anfang bis Ende mit grossem Aufwand geführt wird, dass er grossartig und wirkungsvoll aufgezogen wird, dass er das Volk anspricht, dass er hohes Ansehen geniesst und Stil hat. Und auch dafür, wenn es sich auf irgendeine Weise erreichen lässt, dass übles Gerede über deine Gegenkandidaten aufkommt, entweder wegen einer Rechtsverletzung oder wegen einer Liebesaffäre oder wegen eines Wahlbetruges – nimm den Vorwurf, der am besten zu ihrem Charakter passt.»

Die aktuellen Tips stammen aus einer Wahlkampffibel, die Quintus Tullius Cicero im Jahre 64 v. Chr. für seinen grossen Bruder Marcus schrieb, als dieser sich auf seinen Wahlkampf um das Konsulat des folgenden Jahres vorbereitete. Wir wissen nicht, wie der damals schon berühmte Cicero die praktischen Ratschläge seines vier Jahre jüngeren Bruders aufnahm. Illusionen jedenfalls, ein Wahlsieg sei durch solche *simulatio* – wir können das wörtlich mit «Image-Pflege» übersetzen – geradezu machbar, nährte er nicht. In seiner Rede für Lucius Murena, den er gegen Ende seines Konsulatsjahres gegen die Anklage unlauterer Wahlkampfführung verteidigte, beschreibt Cicero die jähen Umschwünge des Wählerwillens, die sich jeder rationalen Erfassung oder gar Steuerung entziehen. Er verweist auf den sprichwörtlich wechselhaften Euripos, die schmale Meerenge zwischen Euböa und dem griechischen Festland, deren Strömung durch die Wirkung von Ebbe und Flut mehrmals am Tag ihre Richtung umkehrt:

«Welche Meerenge, welcher Euripos, denkt ihr, hat so viele Bewegungen, so starke, so wechselhafte Schwankungen und Veränderungen der Strömung, wie es bei den Ämterwahlen Wirrnisse und Wallungen gibt? Ein einziger Tag, der dazwischentritt, oder eine einzige Nacht stürzt oft alles in Verwirrung, und manchmal lässt der leichte Hauch eines Gerüchts die gesamte öffentliche Meinung umschlagen. Oft ist auch ohne jeden ersichtlichen Grund das Ergebnis ein anderes, als man erwartet hat, so dass sich manchmal sogar das Volk über den Wahlausgang wundert, als ob es ihn nicht selbst verursacht hätte. Nichts ist weniger verlässlich als die Masse des Volkes, nichts schwerer zu ergründen als der Wille der Wähler, nichts täuscht leichter als der ganze Ablauf der Wahlen.»

Grüssen mit fremdem Gedächtnis

In einer Massregel seines – sagen wir's ruhig – etwas schamlosen Bestsellers *«How to Win Friends and Influence People»* rät Dale Carnegie, einer der Protagonisten moderner Psycho-Rhetorik, seinen erfolgheischenden Jüngern, die Opfer ihrer Werbestrategie immer wieder mit ihrem Namen anzureden – hierin wie in manchem anderen selbst ein Jünger der antiken Psycho-Rhetorik. Fast aufs Jahr genau zwei Jahrtausende vor Carnegie stellt Quintus Tullius Cicero in seiner köstlich zu lesenden Wahlkampffibel für seinen berühmten älteren Bruder die *nomenclatio*, die namentliche Anrede, als erstes Erfordernis für einen Wahlerfolg noch vor Schmeichelei («so fehlerhaft und verächtlich im übrigen Leben, so unbedingt notwendig im Wahlkampf»), Beharrlichkeit, Spendierfreudigkeit, Diskussionsbereitschaft, Von-sich-reden-Machen und staatsmännisches Auftreten. «Als erstes: stelle in der Öffentlichkeit deine Namenkenntnis zur Schau und baue sie aus, dass sie von Tag zu Tag zunimmt; nichts sonst, scheint mir, hat so starke Wirkung auf die Wähler und setzt dich so sehr in ihre Gunst.»

Freilich, schränkt der jüngere Cicero ein, der Kandidat darf nicht nur als ein *nomenclator*, als ein «Namennenner», sondern er muss auch als ein wohlwollender Freund erscheinen. Ein *nomenclator* war man nicht, einen *nomenclator* hatte man: einen Sklaven, der «ganz Rom» kannte – wenigstens mit Nase und Namen – und seinem Herrn zu Hause die Namen der ihn Besuchenden, unterwegs die Namen der ihm Begegnenden vorsagte. «Wir grüssen mit fremdem Gedächtnis», spottet der ältere Plinius. Zumal einem Konsulatskandidaten auf Sympathiewerbung konnte ein solches wandelndes Wählerverzeichnis unschätzbare Dienste leisten. Mochte der so schmeichelhaft Umworbene auch merken, dass der Kandidat ihn «mit fremdem Gedächtnis» grüsse –

die namentliche Anrede tat ihre magische Wirkung, vor zweitausend Jahren im Wahlkampf auf dem Forum Romanum wie heute im Werbebrief aus dem Schreibautomaten. Peinlich nur, wenn der Kandidat selbst nichts als ein blosser *nomenclator* zu sein schien...

Mit heiterer Ironie hat Cicero, der vorher selbst zur sorgsamen Pflege der *nomenclatio* Aufgeforderte, in seiner Rede für Lucius Murena den allgemeinen Brauch bedacht. Gegen den Ankläger, den jüngeren Cato, gewendet, fragt er: «Was bedeutet es, dass du einen *nomenclator* hast? Darin jedenfalls täuschst du und betrügst du. Denn wenn es dir Ehre macht, dass du deine Mitbürger mit ihrem Namen anredest, so macht es dir Schande, dass dein Sklave sie besser kennt als du selbst. Doch gesetzt einmal, du kennst sie bereits – bedarfst du dann im Wahlkampf, sie namentlich anzureden, der Hilfe eines Vorsagers, als ob du unsicher wärest? Wie wirkt es denn, wenn du, obwohl du dir ihre Namen vorsagen lässt, deine Mitbürger dennoch so anredest, als kenntest du sie persönlich? Und wie vollends, wenn du sie, sobald du nur erst gewählt bist, wieder sehr viel nachlässiger grüsst?»

Von Kineas, einem Abgesandten des Königs Pyrrhos, berichtet der ältere Plinius rühmend, er habe bereits am Tage nach seiner Ankunft in Rom alle Senatoren und Ritter mit Namen gekannt. Hatte er ein so phänomenales Namengedächtnis? Oder hatte er nur sogleich bei der Ankunft, ein gelehriger Schüler seiner Feinde, einen tüchtigen *nomenclator* engagiert?

Ein Konsul, der kein Auge zutut

Wo wäre der Politiker, der von der ersten bis zur letzten Stunde seiner Amtszeit nichts im Sinne hat als das Wohl des Volkes, nichts denkt, nichts spricht, nichts treibt als Staatsgeschäfte, der sich nicht für eine einzige Stunde ins Privatleben zurückzieht, ja sich nicht eine einzige Stunde Schlaf gönnt?

Die Preisfrage zielt nicht etwa auf das kolossale Computer-Hirn eines technokratischen Zukunftsstaates, nein: diesen Politiker hat es gegeben, und er war ein Mensch von Fleisch und Blut: der Römer Gaius Caninius Rebilus, Konsul im Jahre 45 v. Chr.

Caesar und Cicero waren Zeitgenossen und Zeugen dieses einzigartigen Konsulates. Mit Caesar war Caninius im Gallischen Krieg gewesen, für ihn hatte er sich später im Bürgerkrieg auf dem afrikanischen und spanischen Kriegsschauplatz geschlagen. Höhepunkt seiner politischen Karriere aber war das Konsulat im Jahre 45. Cicero hat es beschrieben und den Konsul Caninius Rebilus mit drei Sätzen unsterblich gemacht. Als Caninius am Vorabend des 1. Januar – dem Termin, an dem das Amtsjahr der römischen Konsuln traditionsgemäss endete – sein Amt niedergelegt hatte, um sich mit einem wohlverdienten Schlaf von den Strapazen seines Konsulats zu erholen, schrieb Cicero an seinen Freund Manlius Curius: «Im Konsulat des Caninius hat kein Mensch gefrühstückt. Und dennoch ist, während er Konsul war, kein Unheil geschehen. Denn dieser Konsul war ein Wunder von Wachsamkeit: in seinem ganzen Konsulat hat er kein Auge zugetan.»

Am Vormittag des letzten Amtstages war einer der beiden Konsuln des Jahres 45 plötzlich gestorben. Da liess Caesar seinen erprobten Kampfgefährten und Parteigänger Gaius Caninius Rebilus für die restlichen Stunden des Tages noch ins Konsulat nachwählen. Mittags um 1 Uhr waren die

Formalitäten erledigt, und Caninius war Konsul für einen Nachmittag. Welche Chance, als Konsul ohne Fehl in die Geschichte einzugehen!

Cicero hat es geschmerzt, das hohe republikanische Amt derart verspottet zu sehen. «Dir scheint das lächerlich», schreibt er an Curius weiter, «du bist ja nicht in Rom. Sähest du das mit an, du könntest die Tränen nicht zurückhalten.» Dennoch versäumte Cicero nicht die Verpflichtung, dem Neugewählten zu gratulieren. Auf dem Weg dorthin, erzählt Plutarch, drängte er seine Begleiter: «Wir müssen uns beeilen – sonst ist dieser Mensch mit seinem Konsulat eher fertig als wir mit dem Weg!»

«Corriger la fortune»

«Fortes Fortuna adiuvat.»
«Den Mutigen hilft das Glück.» *Sprichwort, zitiert bei Terenz*

«Den Mutigen hilft nicht nur das Glück, wie das alte Sprichwort sagt, sondern viel mehr noch die Vernunft, die gleichsam mit klaren Massregeln die Stärke des Mutes festigt.»

Cicero

«Ita vitast hominum, quasi quom ludas tesseris:
si illud, quod maxume opus est, iactu non cadit,
illud, quod cecidit forte, id arte ut corrigas.»
«Im Menschenleben geht es wie im Würfelspiel:
Fällt so, wie du's gerade brauchst, dein Wurf nicht aus,
muss deine Kunst den Zufallswurf berichtigen.»

Micio in Terenzens «Brüdern»,
nach Menander

«Alea iacta est(o)!» – «Anerríphtho kýbos!»
«Der Würfel sei geworfen!»

Caesar beim Überschreiten des Rubikon,
einen Menander-Vers zitierend

«Wenn uns nicht alles wie gewünscht von selbst zufällt, so müssen wir dem Glück durch Tatkraft nachhelfen.»

Caesar nach der Niederlage bei Dyrrhachium
in einer Ansprache an seine Soldaten

«Comment, Mademoiselle? Vous appelez cela betrügen? *Corriger la fortune, l'enchaîner sous ses doigts, être sûr de son fait,* das nenn die Deutsch betrügen?»

Riccaut de la Marlinière,
in Lessings «Minna von Barnhelm»

Nr. 1

«Als Caesar auf der Reise in seine spanische Provinz die Alpen überquerte und unterwegs an irgendeinem armseligen Älplerdorf vorüberkam, in dem nur einige wenige Menschen lebten, und das dürftig genug, fragten seine Begleiter unter Lachen und im Scherz: „Ob es wohl auch hier so etwas wie Wahlkämpfe um Staatsämter, Wettstreit um die höchsten Ränge und Missgunst der Mächtigen untereinander gibt?" Da soll Caesar, in dem Augenblick völlig ernst geworden, ihnen erwidert haben: „Ich jedenfalls wollte lieber bei diesen hier der Erste sein als bei den Römern der Zweite."»

bei Plutarch

Die Iden des März

«Am Tag vor den Iden des März speiste Caesar bei Marcus Lepidus. Er war eben dabei, sein *Vale* unter einige Briefe zu setzen – wie er gewohnt war, noch bei Tische liegend –, als die Rede darauf kam, welcher Tod der schönste sei; da rief er, ehe ein anderer antworten konnte, dazwischen: „Der unerwartete."»
Plutarch

«Als Caesar in den Sitzungssaal eintrat, erhoben sich die Senatoren in Ehrerbietung von ihren Sitzen. Von den Freunden des Brutus aber umstellten die einen von hinten seinen Sessel, die anderen traten ihm entgegen, ganz so, als wollten sie mit ihrer Fürsprache Tullius Cimber unterstützen, der Caesar in der Sache seines verbannten Bruders um Gnade bat, und brachten ihre Fürsprache auch noch vor, während sie den Diktator zu seinem Sessel geleiteten. Als Caesar dann – er hatte sich bereits gesetzt – ihre vereinten Bitten rundweg abschlug und schliesslich, als sie nur um so heftiger in ihn drangen, auch noch jedem Einzelnen von ihnen seinen Unmut zeigte, riss Tullius ihm, mit beiden Händen zupakkend, die Toga vom Hals: das war das verabredete Zeichen zur Tat.

Als erster traf Casca ihn mit seinem Dolch am Hals; doch war der Hieb nicht tödlich, nicht einmal tief – Casca war erregt, wie natürlich im ersten Augenblick einer so gewagten Tat –, so dass Caesar sich noch umwenden und den Dolch ergreifen und festhalten konnte. Und fast gleichzeitig riefen sie, der Getroffene auf lateinisch: „Schändlicher Casca, was tust du?", der Zuschlagende auf griechisch, zu seinem Bruder gewendet: „Bruder, hilf!" Das war der Anfang. Die nichteingeweihten Senatoren packte Schrecken und Schauder angesichts der Tat; sie wagten weder zu fliehen noch den Verschwörern entgegenzutreten, ja nicht einmal einen Laut auszustossen. Die zum Mord Gerüsteten aber zeigten nun jeder offen die blanke Waffe. Caesar war rings umstellt; wohin er den Blick auch wenden mochte, überall fuhren ihm Hiebe entgegen, hatte er zustossende Klingen vor Gesicht und Augen; durchbohrt wie ein wildes Tier, war er wie in ein Netz verstrickt in ihrer aller Hände. Denn jeder Einzelne – so hatten sie sich verschworen – sollte das Opfer treffen und das Mordblut kosten.

So brachte denn auch Brutus ihm einen Stich bei, einen einzigen, in den Unterleib. Manche berichten, gegen die anderen habe er sich zunächst noch gewehrt, mit ausweichenden Körperbewegungen hierhin und dorthin und mit lautem Rufen; als er dann aber Brutus, den gezückten Dolch in der Hand, vor sich sah, habe er die Toga über den Kopf gezogen und sich den Hieben überlassen, wobei er – durch Zufall oder absichtlich von den Verschwörern – gegen den Sockel hin gedrängt wurde, auf dem die Statue des Pompeius steht. Viel Blut spritzte auf die Statue, so dass es den Anschein hatte, als führe Pompeius selbst das Strafgericht über seinen Feind an, der sich zu seinen Füssen, aus vielen Wunden blutend, im Todeskampf wand. Dreiundzwanzig Wunden soll er empfangen haben, und viele der Verschwörer wurden wechselseitig einer vom anderen verwundet, da sie gegen einen einzigen Leib so viele Hiebe führten.»

Plutarch

«Und so wurde Caesar von dreiundzwanzig Dolchstössen durchbohrt, wobei er nur ein einziges Mal, beim ersten Hieb, ein Stöhnen, aber kein Wort hören liess – wenn auch einige die Version überliefert haben, Caesar habe dem auf ihn eindringenden Brutus zugerufen: „Auch du, mein Sohn?" Der Ermordete lag, während alle, die bei der Tat zugegen waren, davonstürzten, noch eine Zeitlang am Boden; schliesslich legten drei junge Sklaven ihn auf eine Sänfte und trugen ihn, während ein Arm des Toten herabhing, in sein Haus. Und unter so vielen Wunden wurde, wie der Arzt Antistius versicherte, nicht eine einzige tödliche gefunden, ausser der, die er an zweiter Stelle in der Brust empfangen hatte.» *Sueton*

«Wenn Caesar mit einem solchen Genie den Ausweg nicht gefunden hat, wer soll ihn jetzt finden?»

Gaius Matius nach Caesars Ermordung zu Cicero

Ein heisser Juli

Unter den überschwenglichen Ehrenbeschlüssen, mit denen der römische Senat noch im Winter 45/44 v.Chr., wenige Monate vor den fatalen Iden des März, Gaius Julius Caesar bis hin zum *Dictator perpetuus* erhöhte, waren zwei, die dem gottgleichen Machthaber einen ständigen Ehrenplatz im römischen Kalender einräumten: Sein Geburtstag, nach neuzeitlicher Tageszählung der 13. *Quintilis*, wurde zu einem staatlichen Feiertag erhoben, und sein Geburtsmonat, der «fünfte» nach dem altrömischen Jahresanfang am 1. März, in *Iulius* umbenannt. Der so Geehrte hat den nächsten *Quintilis*, den ersten *Iulius*, selbst nicht mehr erlebt; doch durch die Ermordung des Diktators an den Iden des März wurde der neue Monatsname erst recht zu einem bedeutsamen Politikum.

Nach Caesars Ermordung am 15. März hatte sich Cicero aus der Hauptstadt zunächst auf seine Villen zurückgezogen. Am 7. *Quintilis*/Juli traf er, von seinem Landsitz in Tusculum (heute Frascati) bei Rom kommend, in seiner Villa in Puteoli (heute Pozzuoli) bei Neapel ein; am Tage darauf liess er sich von dort auf die kleine Insel Nesis übersetzen, wo Brutus, das Haupt der Verschwörung gegen Caesar, die politische Entwicklung abwartete. Vom 6. bis zum 12. *Quintilis*/Juli sollten in Rom die traditionsgemäss von Brutus als Prätor gestifteten Apollon-Festspiele stattfinden; von einem durchschlagenden Publikumserfolg erhoffte sich Brutus einen Umschwung der Stimmung zugunsten der Verschwörer. Weder Mühe noch Aufwand für eine grandiose Ausstattung «seiner» Spiele scheuend, war er eigens nach Neapel gereist, um persönlich die beliebtesten griechischen Schauspieler zu engagieren, und hatte Weisung gegeben, sämtliche bei den Tierhetzen gezeigten wilden Tiere dürften in der Arena getötet werden.

Aber noch in Puteoli hatte Cicero durch einen Brief seines Freundes Atticus aus Rom erfahren, dass der die Spiele an Stelle des Brutus leitende Prätor, der Cäsarianer C. Antonius, den politisch brisanten «Brutus» des Accius, eine Verherrlichung des legendären Freiheitskämpfers und Gründungsheros der Republik, vom Programm abgesetzt und durch den unverfänglichen «Tereus» ersetzt habe, und schlimmer noch: dass er die von Brutus gestifteten Spiele für den Monat «Juli» angekündigt habe. Cicero macht seiner republikanischen Empörung in zwei Briefen an Atticus Luft:

«Gestern, am 7. *Quintilis*, bin ich auf meinem Landgut in Puteoli angekommen. Jetzt schreibe ich dies auf dem Weg zu Brutus nach Nesis. Aber noch an dem gleichen Tag, an dem ich angekommen war, während des Essens, überbrachte Eros mir Deinen Brief. Lese ich recht? Die Spiele angekündigt für den „Juli"? Sollen doch, beim Hercules, die Götter diese Burschen strafen! Aber man kann sich in dieser Zeit ja den ganzen Tag lang empören. Kann irgend etwas schmählicher sein als für Brutus dieser „Juli"? Ich wüsste nichts.»

Und zwei Tage später: «Wie ich Dir vorgestern berichtete, bin ich am 8. *Quintilis* nach Nesis hinübergefahren. Dort habe ich Brutus getroffen. Wie hat ihn das geschmerzt, die Ankündigung seiner Spiele für den „Juli"! Er war sonderbar verwirrt. Er müsse nach Rom schreiben, wiederholte er mehrfach, man solle wenigstens die Tierhetze, die am Tag nach den Apollon-Festspielen stattfinden wird, für den 13. *„Quintilis"* ankündigen...»

Weder die Freunde noch die Feinde des toten Diktators konnten ahnen, das dieser «Juli» nicht nur die Iden des März, sondern zusammen mit Caesars genialem Kalenderwerk die Jahrhunderte und Jahrtausende überdauern sollte, bis jede ferne Anrüchigkeit eines würdelosen Herrscherkultes sich daraus verflüchtigt hätte – ja bis weithin selbst die blosse Erinnerung an Caesars Namen von diesem damals so heissen «Juli» einmal vollends abgefallen wäre.

Kalendergeschichte zum 1. August

Ein letzter Versuch psychologischer Kriegsführung war fehlgeschlagen: Mit weittragenden Pfeilen liess Marcus Antonius aus dem bedrängten Alexandria Flugblätter ins Lager seines Bürgerkriegsgegners Octavianus schiessen, auf denen er jedem Überläufer sechstausend Sesterz Belohnung aussetzte. Octavianus, der Antonius und Kleopatra im Vorjahr bei Actium besiegt und nun in Ägypten eingeschlossen hatte, las der Truppe den Aufruf zum Verrat selbst vor, und kein einziger der so Umworbenen mochte von der Seite des Siegers auf die des Verlierers überwechseln. Auch ein Rückgriff auf heroische Bräuche hatte nicht verfangen: Auf die Herausforderung des Antonius, den Bürgerkrieg im Zweikampf zu entscheiden, antwortete Octavianus knapp, für Antonius gebe es viele Wege zum Tode.

Als der Zurückgewiesene dann am 1. August – man schrieb damals noch den 1. *Sextilis* – 30 v.Chr. zu Wasser und zu Lande gegen Octavianus antrat, war die Schlacht um Alexandria entschieden, noch ehe sie begonnen hatte. Die Flotte des Antonius ging, mit den Rudern grüssend, kampflos zu Octavianus über, und die Reiterei folgte ihrem Beispiel; der Widerstand des übrigen Heeres konnte die Niederlage nur noch hinauszögern, nicht mehr abwenden. Von den «vielen Wegen zum Tode», die sein Gegner ihm gewiesen hatte, wählte Antonius den durch das eigene Schwert; Kleopatra entzog sich dem Zugriff des Siegers durch den Biss einer Schlange. Mit dem Fall Alexandrias und dem Tode des Antonius und der Kleopatra kam der hundertjährige Bürgerkrieg an sein Ende, begann eine neue Zeit, die «Augusteische»: Als Octavianus im folgenden Jahre aus dem Osten nach Rom heimkehrte, las Vergil ihm während eines Aufenthaltes im kampanischen Atella seine eben vollendeten *«Georgica»* vor.

Diese Zeitenwende vor Alexandria ist es, an die der Monat August uns bis heute erinnert. Denn nachdem der römische Senat im Jahre 27 v. Chr. Octavianus den Ehrennamen *Augustus*, «der Erhöhte», verliehen hatte, übertrug der triumphierende Imperator Caesar Augustus den neuen Beinamen auf seinen Glücksmonat, den alten *Sextilis*, «da ihm in diesem Monat», so der Kaiserbiograph Sueton, «sein erstes Konsulat und glanzvolle Siege zugefallen waren» – zuletzt der endgültige Sieg über Antonius in den ersten *Sextilis*-Tagen des Jahres 30 v. Chr. Der Zufall wollte es, dass dieser jüngste Monat *Augustus* nun unmittelbar auf den nicht viel älteren Monat *Iulius* folgte; mit der Umbenennung des alten *Quintilis*, des Geburtsmonats Gaius Julius Caesars, in *Iulius* hatte der Senat im Winter 45/44 v. Chr. diese neue Form der Herrscherehrung in Rom eingeführt.

Kein Wunder, dass das Beispiel der ersten Cäsaren manche späteren zur Nachahmung verlockte. Nero gab dem April den neuen Namen *Neronëus*. (In diesem Falle verrät Sueton uns nicht, warum Nero gerade den April zu dieser Ehre auserkoren hatte; sein Geburtsmonat war der Dezember und der Monat seines Regierungsantritts der Oktober.) Domitian belegte gleich zwei Monate für sich: Seinen Geburtsmonat Oktober nannte er *Domitianus*, dem September, in dem er seine Herrschaft angetreten hatte, gab er seinen Ehrennamen *Germanicus*. Ihren Gipfel erreichte die Kalenderpropaganda der römischen Cäsaren unter Commodus am Ende des 2. Jahrhunderts n. Chr.; fast die gesamte zweite Jahreshälfte, angefangen mit dem Monat August, usurpierte dieser wohl meistgehasste Kaiser mit seinen Ehrennamen: Den Ehrenmonat des Augustus nannte er neu *Commodus*; dem September gab er den Namen des Hercules, als dessen Wiederverkörperung er sich betrachtete; der Oktober und der November erhielten seine Ehrentitel *Invictus*, «der Unbesiegte», und *Exsuperatorius*, «der Überragende», den Dezember schliesslich liess er zu Ehren seiner Mätresse Marcia, die er gern als Amazone dargestellt sah, in *Amazonius* umbenennen.

Alle diese Kalenderdenkmäler aus der späteren Kaiserzeit sind mit dem Sturz ihrer selbstherrlichen Stifter jeweils schon nach wenigen Jahren wieder umgestürzt und ausgetilgt worden: Die jahrtausendealte Kalendertradition hat sich gegenüber solchen gottkaiserlichen Ruhmesgelüsten letztlich glücklicherweise immun gezeigt. Im nachhinein mag es uns als eine Art historischer Gerechtigkeit anmuten, dass einzig Gaius Julius Caesar und sein politischer Erbe Augustus «ihre» Monate im Kalender bis heute behalten haben. Sie waren es ja, die diesen mit nur geringfügigen Korrekturen bis heute gültigen «Julianischen» Kalender zunächst geschaffen und eingeführt und schliesslich vollends auf den Weg gebracht haben – wenn irgendeiner, so haben diese beiden sich in ihm ein dauerndes Ehrenmal verdient.

Frauen im Widerstand: Arria . . .

Durch ihre grosse, ebenso liebende wie tapfere Tat und die drei Worte *«Paete, non dolet»*, mit denen sie ihrem Gatten im Tod vorausging, ist Arria in Claudischer Zeit zur vielbewunderten Heroine des Widerstandes gegen den Prinzipat geworden. Der jüngere Plinius, der sie und ihre Enkelin Fannia in zwei Briefen würdigt, hat sie nicht mehr gekannt; doch mit Arrias gleichnamiger Tochter, die in Neronischer Zeit nur mit Mühe daran gehindert werden konnte, dem Beispiel der Mutter zu folgen, und mit deren Tochter Fannia war Plinius in herzlicher Freundschaft verbunden. Aus einem Gespräch mit Fannia ist der folgende Brief an Maecilius Nepos hervorgegangen, in dem Plinius der berühmten Tat jener älteren Arria anderes, nicht minder Grosses zur Seite stellt:

«Krank lag Caecina Paetus darnieder, Arrias Gatte, krank auch ihr Sohn, beide auf den Tod, wie es schien. Der Sohn starb, ein Knabe von ausnehmender Schönheit und gleicher Feinheit, den Eltern um seiner übrigen Vorzüge willen nicht minder lieb, als weil er ihr Sohn war. So im stillen bereitete Arria seine Bestattung vor, so im stillen richtete sie ihm die Leichenfeier aus, dass ihr Gatte von all dem nichts bemerkte. Ja noch mehr: so oft sie sein Krankenzimmer betrat, täuschte sie ihm vor, der Sohn sei noch am Leben und fühle sich sogar besser; auf seine ständige Frage, wie es dem Knaben gehe, gab sie die Antwort: „Er hat gut geschlafen, er hat gern gegessen.“ Wenn dann schliesslich die lange zurückgehaltenen Tränen sie überwältigen und hervorbrechen wollten, ging sie hinaus, dann erst gab sie sich ihrem Schmerz hin; hatte sie sich ausgeweint, kehrte sie mit getrockneten Augen und gefasster Miene zurück, als hätte sie den Verlust ihres Sohnes draussen zurückgelassen.

Gross ist, unstreitig, die berühmte Tat der gleichen Frau: wie sie die blanke Waffe zückt, ihre Brust durchbohrt, den Dolch herauszieht, ihn dem Gatten hinreicht und dazu das unvergängliche und fast göttliche Wort spricht: „Paetus, es schmerzt nicht." Und dennoch: Als sie dieses tat, dieses sagte, standen ihr der Ruhm und die Unsterblichkeit vor Augen; um so grösser handelte sie, als sie ohne den Lohn der Unsterblichkeit, ohne den Lohn des Ruhmes ihre Tränen verbarg, ihre Trauer verleugnete und nach dem Tode ihres Sohnes die Mutter spielte.

Scribonianus hatte in Illyrien die Waffen gegen Claudius erhoben; Paetus hatte für ihn Partei ergriffen und wurde nun, nach der Ermordung des Scribonianus, gefangen nach Rom verschleppt. Eben sollte er das Schiff besteigen; Arria bat die Soldaten inständig, dass sie zusammen mit ihm eingeschifft werde. „Ihr werdet doch sicher", sagte sie, „einem ehemaligen Konsul irgendwelche Sklaven mitgeben, von deren Hand er sich das Essen bereiten lassen kann, die ihm in die Kleider, die ihm in die Stiefel helfen können: alles dieses werde ich allein für ihn besorgen." Sie wurde abgewiesen; unverzüglich mietete sie ein Fischerboot und folgte dem riesengrossen Schiff in einem so winzig kleinen nach.

Die gleiche Arria sagte vor Claudius, zur Gattin des Scribonianus gewendet, als diese sich zu einem Geständnis bereit erklärte: „Ich soll dich anhören, in deren Armen Scribonianus ermordet wurde, und du lebst?" Dieses Wort macht offenkundig, dass Arria den Entschluss zu ihrem ruhmvollen Tod nicht plötzlich gefasst hat. Ja als Thrasea, ihr Schwiegersohn, sie damals anflehte, in ihren Todesgedanken nicht weiterzugehen, und unter anderem sagte: „Willst du denn etwa, dass deine Tochter, wenn ich einmal in den Tod gehen müsste, mit mir stirbt?", antwortete sie: „Wenn sie so lange Zeit und in solcher Eintracht mit dir gelebt hat wie ich mit Paetus: Ja!" Mit dieser Antwort hatte sie die Besorgnisse ihrer Angehörigen verstärkt, und man gab noch sorgfältiger acht auf sie; sie bemerkte das und sagte: „Ihr richtet nichts aus; denn ihr könnt erreichen, dass ich schwer sterbe – dass ich nicht sterbe, könnt ihr nicht erreichen.“ Während sie dies sagte, sprang sie von ihrem Sessel auf, schlug ihren Kopf mit ungeheurer Wucht an die gegenüberliegende Wand und brach zusammen. Wieder zu sich gebracht, sagte sie: „Ich hatte es euch gesagt: Finden werde ich einen noch so harten Weg zum Tode, wenn ihr mir den leichten verwehrt.“»

... und ihre Enkelin Fannia

Als Enkelin der älteren Arria, Tochter der jüngeren Arria und des Thrasea Paetus, des Hauptes der stoisch gesinnten Opposition gegen Nero, und als Gattin des ebenso unversöhnlich oppositionellen Helvidius Priscus war Fannia die letzte grosse Repräsentantin eines Hauses, das sich im Kampf gegen den Prinzipat aufgerieben hatte. Sorge und Schmerz um die todkranke Frau, die in Trajanischer Zeit aus ihrer dritten Verbannung nach Rom hatte zurückkehren können, prägen das literarische Porträt der Fannia, das der jüngere Plinius in dem folgenden Brief an Lucius Neratius Priscus mit liebender Verehrung zeichnet:

«Fannias Krankheit macht mir angst. Sie hat sich angesteckt, während sie die Vestalin Junia pflegte, zuerst aus eigenem Entschluss (denn sie ist mit ihr verwandt), dann auch auf Geheiss der Priesterschaft. Denn wenn die Vestalinnen durch eine heftige Krankheit genötigt sind, das Haus der Vesta zu verlassen, werden sie der Sorge und Pflege einer achtbaren Frau anvertraut. Während Fannia dieses Amt gewissenhaft ausübte, fiel sie selbst der Krankheit zum Opfer. Das Fieber hat sich festgesetzt, der Husten wird stärker, sie ist aufs äusserste abgemagert, aufs äusserste geschwächt. Einzig ihr starker Geist, der ihrem Gatten Helvidius, ihrem Vater Thrasea so hohe Ehre macht, ist noch kräftig; alles übrige verfällt, und darüber empfinde ich nicht allein Sorge, sondern auch Schmerz. Denn es schmerzt mich, dass diese so überragende Frau den Augen der Bürgerschaft entrissen werden soll, die vielleicht nie mehr irgend etwas ihr Ähnliches erblicken werden.

Welche Sittenreinheit, welche Ehrwürdigkeit ist dieser Frau zu eigen, welche Ernsthaftigkeit, welche Standhaftigkeit! Zweimal ist sie ihrem Gatten aus freien Stücken in die

Verbannung gefolgt, das drittemal wurde sie selbst um ihres Gatten willen verbannt. Denn als Senecio angeklagt war, weil er eine Biographie des Helvidius verfasst hatte, und zu seiner Verteidigung sagte, er sei von Fannia darum gebeten worden, antwortete sie auf die drohende Frage des Mettius Carus, ob sie ihn darum gebeten habe: „Ja, ich habe ihn darum gebeten"; ob sie ihm Unterlagen für die Darstellung gegeben habe: „Ja, ich habe ihm Unterlagen gegeben"; ob ihre Mutter davon gewusst habe: „Nein, sie hat nichts davon gewusst." Mit einem Wort: keinen Laut liess sie über die Lippen, der sich der drohenden Gefahr gebeugt hätte. Ja noch mehr: aus der Beschlagnahme ihres gesamten Besitzes rettete sie eben dieses – wiewohl unter dem Zwang und Schrecken der Zeit verbotene – Werk, verwahrte es und nahm den Grund ihrer Verbannung mit sich in die Verbannung.

Und diese gleiche Frau: wie so sehr herzlich, wie menschlich ist sie, wie ist sie schliesslich, was nur wenigen gegeben ist, nicht weniger liebenswert als verehrungswürdig! Wird es je wieder eine solche Frau geben, die wir künftig unseren Gattinnen als Muster zeigen können? Wird es je wieder eine geben, an der auch wir Männer uns ein Beispiel der Tapferkeit nehmen können, eine Frau, die wir, während wir sie leibhaftig sehen und hören, geradeso bewundern können wie jene alten, von denen wir lesen? Ja mir scheint dieses grosse Haus selbst zu wanken und, in seinen Grundfesten erschüttert, schon einzustürzen – mag es auch noch Nachkommen haben; denn wie grosser Tugenden und wie grosser Taten der Nachfahren wird es bedürfen, dass Fannia einmal nicht als die Letzte ihres Geschlechtes gestorben scheint?

Mich jedenfalls bedrückt und quält dazu noch der Gedanke, dass ich mit Fannia auch ihre Mutter, die Mutter – ich kann ihr keinen höheren Ruhmestitel geben – einer so grossen Frau, noch einmal zu verlieren meine. Wie Fannia uns bis jetzt noch ihre Mutter zurückgibt, so wird Fannia ihre Mutter mit sich fortnehmen und mir so zugleich eine neue Wunde schlagen und die alte wieder aufreissen. Beide Frauen habe ich hoch verehrt, beide habe ich hoch geschätzt; welche der beiden mehr, weiss ich nicht – und sie wollten auch gar nicht voneinander unterschieden werden. Sie fanden mich hilfsbereit im Glück, sie fanden mich hilfsbereit im Unglück; ich war der Trost der Verbannten, ich der Rächer der Zurückgekehrten; dennoch habe ich meine Schuld noch nicht beglichen und wünsche nun um so mehr, dass Fannia gerettet wird – so bliebe mir doch, die Schuld abzuzahlen, noch Zeit übrig!»

Lukullischer Luxus

Wo heute in Rom die Spanische Treppe sich emporschwingt und die Türme der Kirche Trinità dei Monti sich erheben, stand in der Antike die vielbewunderte Villa des Lucullus, inmitten der nicht minder bewunderten Lukullischen Gärten. Trifft die Vermutung zu, dass die heutige Via Condotti der Linie der alten Zufahrt zu der Villa und den Gärten des Lucullus folgt, so wäre diese Strasse über zwei Jahrtausende hinweg dem erlesensten Luxus treu geblieben.

Von dem aufwendigen Lebensstil des Mannes, dessen Name heute für höchsten Gaumengenuss steht, zeichnet Plutarch uns im letzten Teil seiner Lucullus-Biographie ein farbiges Bild:

«In der Biographie des Lucullus liest man wie in einer der alten Komödien am Anfang von Staatsaffären und Heereszügen, am Ende von Trinkgelagen und Gastereien, ja fast gar von nächtlichem Schwärmen und Fackelschwingen und jeglicher Lebenslust. Denn zur Lebenslust rechne ich auch die grossartige Bautätigkeit, die Anlage von Wandelhallen und Bädern und mehr noch die Gemälde und Statuen und das ernsthafte Bemühen um diese Kunstwerke, die Lucullus mit beträchtlichem Aufwand sammelte. Dafür wandte er seinen grossen, glänzenden Reichtum auf, den er von seinen Feldzügen her besass. Selbst heute noch, da doch der Luxus dermassen zugenommen hat, zählen unter den kaiserlichen Gärten die des Lucullus zu den grossartigsten.

Angesichts der Kunstbauten seiner Küstenvillen in der Gegend von Neapel, wo Lucullus mit grossen Erdbewegungen Hügel untertunnelte, Kanäle und Wasserbecken, die mit Meerwasser gespeist und mit Meerfischen besetzt waren, um die Wohngebäude herumführte und umgekehrt Wohnhäuser auf künstlichen Aufschüttungen ins Meer hinaus baute, nannte der Stoiker Tubero den Bauherrn einen „Xerxes in der Toga". Bei Tusculum besass Lucullus eine in der Höhe errichtete Villen- und Parkanlage mit weit in die Landschaft sich öffnenden, ringsum Aussicht gewährenden Sälen und Wandelhallen. Als Pompeius ihn einmal dort besuchte, hielt er dem Hausherrn vor, dass er seinen Landsitz für den Sommer zwar aufs beste eingerichtet, zugleich aber für den Winter unbewohnbar gemacht habe; da lachte Lucullus und erwiderte: „Ja, denkst du denn, ich hätte noch weniger Verstand als die Kraniche und die Störche, dass ich nicht wie diese mit den Jahreszeiten die Villen zu wechseln wüsste?"

Als einmal ein Triumphator, der seinen Ehrgeiz in prachtvoll ausgestattete Schauspiele setzte, zum Schmuck für irgendeinen Chor Lucullus um purpurfarbene Mäntel bat, antwortete er, er wolle schauen, ob er solche Mäntel habe, und sie ihm dann gern geben. Am Tage darauf fragte er den Bittsteller, wie viele er denn brauche, und als der sagte, hundert würden genügen, forderte er ihn auf, zweimal soviele zu nehmen. Darauf hat ja der Dichter Horaz das Wort gemünzt, er spreche nicht von Reichtum, wo nicht das unbeachtet und verborgen im Hintergrund Liegende noch mehr als das offen Zutagetretende sei.

Aufdringlich neureich aber waren die täglichen Gastmähler, durch die Lucullus sich nicht nur mit luxuriöser Ausstattung wie purpurfarbenen Decken, gemmenbesetzten Bechern, Tafelmusik und Tanz, sondern auch mit den angebotenen Speisen selbst, über alle Massen raffiniert zubereiteten Leckerbissen jeglicher Art, die Missgunst der weniger grosszügig Lebenden zuzog. Cato war mit Lucullus befreundet und verwandt, konnte aber den luxuriösen Lebensstil des Freundes nur schwer verkraften, so dass er einmal, als irgendein junger Mann im Senat zu unpassender Zeit ein eingebildetes, weitschweifiges Plädoyer für Sparsamkeit und Mässigkeit hielt, aufsprang und rief: „Willst du nicht schweigen, da du reich bist wie Crassus, lebst wie Lucullus, redest wie Cato?"

Dass jedoch Lucullus diesen Lebensstil nicht nur spielerisch genoss, sondern ernsthaft pflegte, geht aus folgenden Anekdoten hervor. Es wird erzählt, Lucullus habe einmal einige Griechen, die auf einer Reise nach Rom gekommen waren, viele Tage lang bei sich bewirtet, bis diese schliesslich, einer typisch griechischen Empfindung nachgebend, sich gescheut und die Einladung, noch länger zu bleiben, abgelehnt hätten, da doch um ihretwillen tagtäglich solcher Aufwand getrieben werde. Darauf habe Lucullus lächelnd zu ihnen gesagt: „In der Tat geschieht einiges davon auch um euretwillen, ihr Griechen; das meiste davon geschieht jedoch um des Lucullus willen." Als er einmal allein zu Abend ass und dazu nur ein einziger Speisetisch aufgestellt und ein nur mässiges Essen aufgetragen wurde, liess er den dafür eingesetzten Bediensteten kommen und beklagte sich darüber. Der entschuldigte sich, er habe nicht angenommen, dass sein Herr an diesem Tage, da doch niemand eingeladen sei, ein besonders aufwendiges Essen erwarte. „Was redest du da?" fuhr Lucullus ihn an, „hast du denn nicht gewusst, dass heute Lucullus bei Lucullus speist?"

Während von diesem Lebensstil, wie zu erwarten, in der Stadt viel die Rede war, wurde Lucullus einmal auf dem Forum, wo er sich müssig aufhielt, von Cicero und Pompeius begrüsst. Von diesen beiden zählte Cicero zu seinen nächsten und vertrautesten Freunden; zwischen Pompeius und Lucullus gab es zwar Differenzen von ihren Feldzügen in Kleinasien her, doch pflegten sie freundlich miteinander zu verkehren und häufig miteinander zu sprechen. Cicero sprach nun Lucullus an und fragte ihn, ob es ihm recht sei, wenn sie ihm nächstens einen Besuch abstatteten; und als Lucullus erwiderte, es sei ihm sogar sehr recht, und sie zu dem Besuch gastlich einlud, sagte Cicero: „Gern wollen wir gleich heute bei dir speisen, doch nur so, wie es bereits für dich selbst angeordnet ist." Darauf wollte sich nun Lucullus nicht einlassen und bat die beiden, einen anderen Tag zu wählen; doch Cicero und Pompeius gestanden ihm das nicht zu und liessen ihn nicht einmal mit seinen Dienern sprechen, damit er nicht grössere Vorbereitungen als die bereits getroffenen anordnen könne.

Einzig dieses eine gestatteten sie ihm auf sein Drängen hin, zu einem seiner Diener vor ihren Ohren zu sagen, dass er heute im „Apollon" speisen wolle; diesen Namen trug einer der kostbar ausgestatteten Speiseräume. Und damit hatte Lucullus die beiden, ohne dass sie es merkten, schon überlistet. Denn für jeden Speiseraum war offenbar der Preis des darin aufzutragenden Mahles festgesetzt, und jedes hatte seine besondere Ausstattung und Ausrüstung, so dass die Diener, als sie hörten, wo er zu speisen wünsche, zugleich wussten, eine wie hohe Summe aufzuwenden und welcherlei Tafelschmuck und Speisenfolge vorzusehen sei. Im „Apollon" pflegte Lucullus für fünfzigtausend Sesterz zu speisen. Soviel wurde auch an diesem Tage ausgegeben; und bei all dem unerhörten Aufwand staunten die Gäste, die Pompeius begleiteten, noch über die Schnelligkeit der Vorbereitung. Zu solchen Extravaganzen gebrauchte Lucullus bedenkenlos seinen Reichtum, als wäre der tatsächlich Kriegsbeute aus Feindesland.

Eher ernst zu nehmen und der Beachtung wert ist, wie Lucullus sich um die Einrichtung seiner Bibliothek bemühte. Denn in ihr vereinigte er viele schön geschriebene Bücher; und ihr Gebrauch zeugte noch mehr von seiner grosszügigen Art als ihr Erwerb. Denn die Bibliothek stand für jedermann offen, und die sie umgebenden Wandelhallen und Studienräume empfingen ohne Einschränkung die Griechen, die dort, den Tagesgeschäften gern den Rücken kehrend, wie in einem Musentempel zusammenkamen und den Tag miteinander zubrachten. Oft zeigte sich Lucullus auch selbst in den Wandelhallen und beteiligte sich an den Diskussionen der Gelehrten. Er stand auch den Politikern bei, wo sie dessen bedurften, und überhaupt war sein Haus für die Griechen, die nach Rom kamen, eine einladende Stätte der Gastlichkeit und der Begegnung.»

Kirschen aus Kerasus

«Dass die Kirschen, die Lust der Knaben und der Vögel, von dem reichen Lucullus, dem Sieger über Mithridates, nach Europa gebracht worden, das weiss auch jeder Knabe aus der römischen Geschichte, obgleich ihm vor dem vollen Korbe mit den süssen roten Beeren die Sache so gleichgültig ist wie dem naschenden Sperling auf dem Baum.» Hübscher als Victor Hehn in seinem klassischen Werk über «Kulturpflanzen und Haustiere» vor gerade siebzig Jahren sein Kirschbaumkapitel eingeleitet hat, kann man nicht anfangen, die Geschichte von Lucullus und dem Kirschbaum zu erzählen – wenn auch der junge Kirschenesser von heute, anders als seine Gross- und Urgrossväter, seine römische Geschichte gar nicht erst zu vergessen braucht, um sich gegenwartsfroh wie ein Sperling des saftigen Erbes zu freuen.

In den Pflanzenbüchern seiner vielbändigen «Naturgeschichte» berichtet der ältere Plinius als erster, dass der als Feldherr ja nicht minder denn als Gourmet zu rühmende Lucullus neben der unermesslich reichen Kriegsbeute in Gold und Silber, die er aus dem Krieg gegen Mithridates, den König von Pontos, heimbrachte, auch den Kirschbaum aus dem Osten Kleinasiens in seine italischen Obstgärten verpflanzt habe. Lucullus fand den Kirschbaum, den die Griechen am Schwarzen Meer *kérasos* nannten, in der – nicht mehr sicher zu lokalisierenden – «Kirschenstadt» Kerasus an der Südküste des Schwarzen Meeres; hier hat nicht wie beim Pfirsich und der Apfelsine das Land der Frucht, sondern umgekehrt die Frucht der Stadt den Namen gegeben. Mit der an der Schwarzmeerküste längst veredelten und in grossen Kulturen gezogenen Süsskirsche von Kerasus, die Lucullus nach der Zerstörung der «Kirschenstadt» unter ihrem latinisierten Namen *cerasus* in Italien einführte, kam das ursprünglich wohl kleinasiatische Wort für den Baum und seine Frucht in den Westen; über das Lateinische und Vulgärlateinische lebt es heute wie im französischen *cerise*, im englischen *cherry*, im deutschen «Kirsche» und im schweizerdeutschen *Chriesi* in den romanischen und germanischen Sprachen fort.

Wildsorten des Kirschbaums waren auf der Appenninhalbinsel seit alters heimisch; ein spätantiker Vergil-Kommentator erklärt zu dem Lemma *cerasus*, die Kirsche habe es in Italien auch vor Lucullus schon gegeben, doch sei diese einheimische Kirsche «hart» gewesen; man habe sie *cornum* genannt – was in unserer «Kornelkirsche» fortlebt. Die neu eingeführte fleischige, saftige Kultursorte aus dem Kirschenland um Kerasus, die in Italien wohl nicht zuletzt um ihres berühmten Propagators willen rasch Verbreitung fand und in vielerlei Varietäten fortgezüchtet wurde – Plinius erwähnt als die jüngste Züchtung eine auf den Lorbeerbaum gepfropfte bitterschmeckende «Lorbeerkirsche» –, erwies sich in anderer Weise als «hart»: In den strengen Wintern ihres Ursprungslandes wetterfest und winterhart geworden, eroberte der im fernen Pontos erbeutete Kirschbaum nach dem Westen bald auch den Norden des römischen Reiches. Nur ein gutes Jahrhundert nach seiner Einführung in Italien hatte sich der Kirschbaum nach dem Zeugnis des älteren Plinius in Neronischer Zeit schon bis in die nördlichste Provinz, nach Britannien, ausgebreitet; er gedieh im nördlichen Gallien und säumte die Ufer des Rheins. Ja, im rauheren Klima der Alpenländer und der Länder nördlich der Alpen bringe der Kirschbaum sogar noch aromatischere Früchte hervor als im milden Meeresklima Italiens: «Er liebt den Norden und die Kälte». Der Zuger Kirsch mag da seinen Ursprung haben.

Als Lucullus in Ciceros Konsulatsjahr 63 v. Chr. nach jahrelangem Warten endlich den von seinen Feinden in Rom hinausgezögerten Triumph feiern konnte, stellte er, wie es bei solchen Anlässen üblich war, die Prachtstücke der

Beute aus dem Krieg gegen Mithridates zur Schau. Im riesigen Circus Flaminius auf dem Marsfeld veranstaltete er eine Ausstellung feindlicher Waffen und Kriegsmaschinen; im Triumphzug selbst wurden neben einer Schar Panzerreiter und zehn Sichelwagen hundertundzehn auf Räder gesetzte Kriegsschiffe mit eisernen Rammspornen vorgeführt; Männer trugen auf Paletten eine lebensgrosse goldene Statue des Mithridates, einen edelsteinbesetzten Schild des Königs und Dutzende silberne und goldene Prunkgefässe vorüber; Maultiere trugen das goldene Bett des Königs. Den Beschluss machten mehr als fünfzig Maultiere, die schwer mit Silberbarren, und mehr als hundert, die mit gemünztem Silber beladen waren. Vom Kirschbaum sagt Plutarch, der den Triumphzug beschreibt, kein Wort. Diese süsse Beute nicht des Feldherrn, sondern des Geniessers Lucullus hätte sich in dem von Gold und Silber glänzenden Zug wohl auch etwas merkwürdig ausgenommen – hätten sich die triumphierenden Legionäre etwa Kirschenzwillinge und -drillinge über die Ohren hängen sollen? Und doch ist der Kirschbaum die dauerhafteste Beute aus dem Pontischen Krieg gewesen: Mit jeder Kirsche, die wir pflücken, sind wir bei Lucullus zu Gast.

«Der tiefste Schlund»

Neben dem unabschätzbar reichen, politisch engagierten und zumal im Krieg gegen Mithridates erfolgreichen, hochgebildeten Lebenskünstler Lucullus, der seinen Küchenruhm in der Neuzeit paradoxerweise wohl eben der Plutarchischen Schilderung seines «neureichen» Tafelluxus verdankt, die seinen Geschmack in Zweifel zieht, ist der andere Römer fast ganz in Vergessenheit geraten, der für die römische Kaiserzeit und noch das Mittelalter *der* Gourmet schlechthin gewesen ist: Marcus Gavius Apicius.

Apicius hat im frühen 1. Jahrhundert n. Chr. gelebt, zur Zeit des Augustus und des Tiberius; ein Geburts- oder Todesjahr kennen wir von ihm so wenig wie irgendein anderes Lebensdatum. Anders als Lucullus scheint Apicius ganz dem Gaumen gelebt zu haben. «Von allen Verschwendern der tiefste Schlund», nennt ihn der ältere Plinius – und das will etwas heissen in einer Zeit, die mit ihren exotischen Extravaganzen den Luxus der späten Republik noch weit übertraf. Plinius bezeugt, Apicius habe «den vortrefflichen Geschmack der Zunge des Flamingos gelehrt», und tatsächlich enthält das unter dem Namen des Apicius überlieferte Kochbuch ein Rezept für gekochten Flamingo. «Auf die gleiche Weise», schliesst das Rezept, «kann auch ein Papagei zubereitet werden.» Delikatessen – oder was sie dafür hielten – aus allen Ländern und Meeren, sagt Seneca einmal mit unverhohlener Verachtung für solche Magenhörigkeit, hätten Apicius und seinesgleichen auf ihre Tafel gebracht und über jedes Mass hinaus die Tierwelt aller Länder durchgekostet.

Mit seiner erfolgreichen Erfindung der Feigenmast für Gänse, einem weiteren Beispiel seiner grenzenlosen kulinarischen Phantasie, hat sich Apicius auch in der Sprache ein Denkmal gesetzt. Sein Verfahren, Gänse mit getrockneten

Feigen (lateinisch *ficus*) zu stopfen und ihnen unmittelbar vor dem Schlachten noch Wein, mit Honig vermischt, zu trinken zu geben, setzte sich so allgemein durch, dass man bald nur noch von «Feigenmastleber» *(iecur ficatum)* sprach; daher heisst die Leber in den romanischen Sprachen bis heute *fegato, foie* oder *higado.*

Ein Autor der spätantiken *«Historia Augusta»* berichtet, der von Hadrian adoptierte und zu seinem Nachfolger designierte Lucius Aelius habe in seinem von Rosen- und Lilienblüten duftenden Luxusbett neben den Liebesgedichten Ovids und den Epigrammen Martials das Kochbuch des Apicius stets zur Hand gehabt. Ein anderer Autor der gleichen Sammlung schreibt dem berühmt-berüchtigten Schlemmer und Schwelger so ausgefallene Gaumengenüsse wie Kamelfersen und Hahnenkämme, Pfauen- und Nachtigallenzungen zu.

Als Klassiker der Kochkunst, Seite an Seite neben Cicero, dem Klassiker der Redekunst, erscheint Apicius in einem reizvollen Epigramm der Merowingerzeit; Venantius Fortunatus, der Bischof von Poitiers, rühmt darin einen Gastgeber, dessen Zunge die Nuancen des Geschmacks in der einen wie der anderen Kunst gleichermassen fein zu wägen verstand:

«Tu refluus Cicero, tu noster Apicius extas;
hinc satias verbis, pascis et inde cibis.»

«Cicero kehrt uns in dir, in dir uns Apicius wieder:
köstlich sättigt dein Wort, köstlich auch nährt uns dein Mahl.»

Mehr noch als mit seinem schwelgerischen Leben aber hat Apicius Mitwelt und Nachwelt mit seinem selbstgewählten Tod beeindruckt. Aus den wenigen Sätzen des Nachrufs, den sein jüngerer Zeitgenosse Seneca ihm gewidmet hat, spricht unüberhörbar der Respekt vor der Konsequenz eines noch so schalen Lebens, das sich doch auch im Tode treu blieb: «In derselben Stadt, aus der einmal die Philosophen als Verderber der Jugend vertrieben wurden, bekannte sich dieser Apicius zu seiner Wissenschaft der Küche und steckte mit seiner Lehre das ganze Zeitalter an. Sein Ende zu kennen ist der Mühe wert: Nachdem er hundert Millionen Sesterz zum Küchenfenster hinausgeworfen hatte und sich von einer hohen Schuldenlast bedrängt sah, nahm er zum erstenmal gezwungenermassen Einblick in seine Konten. Er rechnete aus, dass ihm schliesslich noch zehn Millionen Sesterz übrig blieben; und als ob er im äussersten Hunger hätte leben müssen, wenn er von diesen zehn Millionen hätte leben wollen, machte er seinem Leben mit Gift ein Ende.» Ein Freitod, der selbst in der Neronischen, an grandiosen Suiziden wahrhaftig nicht armen Zeit noch beeindruckte; man kann verstehen, dass es Martial reizte, diesem Freitod (und Senecas Nachruf) noch eine epigrammatische Pointe aufzusetzen:

«Verschlungen hattest du, Apicius, schon sechzig,
gut zehn Millionen liess dein Schlund dir noch übrig.
Du wähntest, Hunger hiesse das und Durst leiden,
und schlürftest aus – ein letzter Trunk – den Giftbecher.
Verschwendet hat dein Schlund, Apicius, mehr niemals!»

Wann kommt die Eselsmilch?

Nachdem ein renommiertes Kaufhaus der Zürcher City «als erstes Warenhaus Westeuropas» exklusiv tiefgekühlte Stutenmilch, die «Fitmilch des Ostens», gegen das Fett des Westens auf den Markt gebracht hat, dürfen wir gespannt darauf sein, wann die Konkurrenz mit der Eselsmilch nachzieht – und dann, versteht sich, nicht in der Lebensmittelabteilung, sondern im Kosmetiksalon. Denn anders als die Stutenmilch, die nach dem zuverlässigen Zeugnis des älteren Plinius im Westen allenfalls zur Behandlung der Epilepsie, als Gegengift und zur Förderung der Verdauung gebraucht wurde, war Eselsmilch in Rom nicht nur – innerlich angewendet – als ein Heilmittel mit breitem Wirkungsspektrum, sondern auch – äusserlich angewendet – als ein Schönheitsmittel ersten Ranges geschätzt.

Neros Mätresse und spätere Gattin, die von Kind auf an höchsten Luxus gewöhnte, ebenso zielstrebige wie hemmungslose Poppaea Sabina, soll zur Pflege ihrer Haut täglich in Eselsmilch gebadet und dazu auf Reisen ständig fünfhundert Eselinnen in ihrem Tross mitgeführt haben, samt Eselstreibern und Eselsmelkern – eine beachtliche Infrastruktur für eine kosmetische Badekur. Wir müssen ihr allerdings zugestehen, dass sie etwas zu pflegen hatte: Von ihrer gleichnamigen Mutter sagt Tacitus, sie habe alle Frauen ihrer Zeit an Schönheit übertroffen und ihrer Tochter diesen Ruhm und ihre Schönheit zugleich vererbt.

Verliebt in ihre Jugendschönheit, soll die jüngere Poppaea einmal geäussert haben, sie wolle lieber früh sterben als diese Blüte verwelken sehen. Der Wunsch wurde ihr erfüllt: Als Nero von der ersten und letzten Wiederholung seiner «Neronischen Festspiele» zu später Stunde zurückkehrte und die schwangere Poppaea ihm darob Vorwürfe machte, traf sie ein jähzorniger Fusstritt des eben noch gefeierten Kaisers und Künstlers; Poppaea starb darauf, kaum fünfunddreissigjährig, an einer Fehlgeburt. Ihren schönen Leib liess Nero, ganz entgegen römischer Sitte, «nach dem Brauch fremdländischer Könige» einbalsamieren und so im Mausoleum des Kaiserhauses beisetzen; sie selbst erhob er zur Göttin.

Auch in der Kosmetik lebte Poppaea fort; eine Reihe eigens für sie entwickelter exklusiver Schönheitscrèmes blieben als «Poppäanische Crèmes» in Gebrauch, und wiederum der ältere Plinius bekundet uns, dass auch die von Poppaea begründete und hoffähig gemachte Tradition der Eselsmilchbäder fortdauerte: Es sei bekannt, dass manche hochstehende Damen der römischen Gesellschaft ihre Wangen siebenmal täglich mit Eselsmilch pflegten, wobei sie die Siebenzahl der Behandlungen, wie Plinius hervorhebt, sorgsam einhielten – es scheint auch ein wenig Aberglaube im Spiel gewesen zu sein. Die Abkehr von der *Total Immersion* und die Beschränkung auf die Esels-Gesichtsmaske sind verständlich: wer, ausser der Kaiserin, besass schon fünfhundert Eselinnen und dazu noch den Mut, mit solch himmelschreiendem Gefolge im mondänen Bajae abzusteigen?

In unserer fortgeschrittenen Zeit sind Poppaeas Transport- und Frischhalteprobleme ja längst gelöst: Anstelle der bekanntermassen schwer vom Fleck zu bewegenden eselwarmen Lebendbox haben wir heute die problemlose, umweltfreundliche, immissionsarme Tiefkühlbox. Wann also kommt sie, die Eselsmilch Marke «Poppaea», die Ihnen klassische Schönheit verleiht, von Ia Eselinnen, exklusiv in Ihrem Warenhaus, tiefgekühlt für heisse Leidenschaften und erst noch billiger im praktischen Siebener-Multipack?

Park and Ride

In dem düster getönten Sittengemälde des «alternden» Rom, das Ammianus Marcellinus in seiner Zeitgeschichte des 4. Jahrhunderts n. Chr. malt, findet sich neben eitler Denkmalsucht, Kleiderluxus, Arroganz der Emporkömmlinge, Starkult, Erbschleicherei und stupider Rennbegeisterung auch eine Unsitte, die hier überrascht: Ammianus ereifert sich über die «hochgebauten Wagen» seiner Zeit und die Art, wie «manche Bürger» auf diesen schwankenden Karossen «über die weiten, offenen Plätze der Stadt und das Kieselsteinpflaster ohne Rücksicht auf die Gefahr dahinrasen», als ob sie die kaiserliche Expresspost selber wären.

Der «hochgebaute Wagen» (der Trend ging damals offenbar in andere Richtung als heute) als exklusives Statussymbol, rasante Stadtfahrten als Spielart gesellschaftlichen Imponiergehabens – das waren in der bis dahin gut tausend Jahre alten Geschichte der Ewigen Stadt vergleichsweise junge Erscheinungen. Jahrhundertelang, bis ins 3. Jahrhundert n. Chr. hinein, war das gesamte Stadtgebiet von Rom eine einzige Fussgängerzone gewesen, jedenfalls für den grössten Teil des Tages. In republikanischer Zeit waren die Frauen, die «Matronen», von dem allgemeinen Fahrverbot noch ausgenommen gewesen – wie die Überlieferung will, zum Dank für den gewichtigen Beitrag, den sie in der Not des Gallierkrieges aus ihren Gold- und Schmuckschatullen zu den Lösegeldzahlungen an die Sieger beigesteuert hatten. Das Fahrprivileg der Frauen, das im Zweiten Punischen Krieg schon einmal abgeschafft, zwanzig Jahre später aber wieder erneuert worden war, wurde schliesslich durch Caesar endgültig aufgehoben.

Caesars Gemeindeordnung, deren Bestimmungen über den städtischen Verkehr auch für die folgenden Jahrhunderte Gültigkeit behielten, verbot für die ersten zehn Tagesstunden, die Zeit des stärksten Fussgängerverkehrs, jeglichen nicht durch Ausnahmegenehmigung bewilligten Wagenverkehr innerhalb des Stadtgebietes. Da die Römer den Tag von Sonnenaufgang bis Sonnenuntergang in jeweils zwölf gleich lange Stunden teilten (so dass die Sommerstunden länger, die Winterstunden kürzer waren), bedeutete dies ein allgemeines Fahrverbot von Sonnenaufgang an für den weitaus grössten Teil des Tages. Ausgenommen von dem Verbot blieben die Baumaterialtransporte für die öffentlichen Bauten und die durch den Brauch geheiligten Wagenfahrten bestimmter Magistraten und Priester, wie die Fahrt des triumphierenden Feldherrn im vierspännigen, vergoldeten Wagen über die *Via sacra* hinauf zum Kapitol.

Für den privaten Wagenverkehr, wie den Reiseverkehr und den Gepäcktransport in die Stadt und aus der Stadt, die zahllosen Warenlieferungen der Geschäfte, die Umzüge, die Materialtransporte für private Bauten, standen so nur die beiden Abendstunden vor Sonnenuntergang und die Nacht zur Verfügung; doch durften Wagen, die während dieser Zeit nach Rom hineingefahren waren, die Stadt während der Tageszeit wieder verlassen, wenn sie entweder leer oder aber mit Kehricht beladen waren.

Der bekannte griechische Arzt Galen, der im 2. Jahrhundert n. Chr. in Rom wirkte, formuliert einmal beiläufig, dass ein vermögender Römer von seinem Landhaus vor den Toren der Hauptstadt bis zu der Stelle fuhr, «wo man vom Wagen abzusteigen pflegt». Wer während des Tages in Rom ankam, musste entweder bis zum Abend vor der Stadt warten oder den Wagen am Stadtrand stehen lassen, nach dem Motto *«Park and Ride»* – oder eher *«Park and Walk»*, denn das Reiten war im Stadtgebiet geradeso verboten wie das Fahren, und es gab auch keine öffentlichen Verkehrsmittel, auf die der Reisende hätte umsteigen können. Sänften gab es zwar und auch Sklaven genug, sie zu tragen, doch ausser den Alten, Kranken und Gebrechlichen bedienten sich ihrer fast nur die Frauen; die Männer, selbst die höchsten Magistraten und die Senatoren, gingen zu Fuss.

Erst im 3. Jahrhundert n.Chr. räumte Kaiser Severus Alexander allen Senatoren das Standesvorrecht ein, ihre nach neuester Mode silberbeschlagenen Wagen auch innerhalb der Stadt zu benutzen. Über die Frage, ob er diesen so Privilegierten für Fahrten *intra muros* ein Tempolimit vorschreiben solle, hat sich Severus Alexander offensichtlich noch keine Gedanken gemacht.

Elefantenballett

«Schon zu der Zeit, als Germanicus Caesar, der Adoptivsohn des späteren Kaisers Tiberius, seine amphitheatralischen Schauspiele für das Volk von Rom vorbereitete, gab es in der Hauptstadt eine ganze Anzahl ausgewachsene Elefanten, sowohl männliche als auch weibliche, und es waren von ihnen auch schon Nachkommen in der Gefangenschaft geboren worden. Während die Glieder der jungen Elefanten allmählich kräftiger wurden, machte sich damals ein im Umgang mit solchen Tieren erfahrener Mann daran, sie zu dressieren, und behandelte sie dabei mit geradezu göttlichem, wahrhaft erstaunlichem Geschick.

Mit ruhiger, sanfter Hand leitete er die jungen Elefanten am Anfang zu ihren ersten Kunststücken an, brachte ihnen allerhand Leckerbissen zur Belohnung und gab ihnen überhaupt die wohlschmeckendste und abwechslungsreichste Nahrung; all dieses sollte sie verführen und verlocken, die Wildheit, die sie etwa noch an sich hatten, abzuwerfen und von sich aus eine zahme und irgendwie menschliche Wesensart anzunehmen.

So lernten sie denn, nicht in Raserei auszubrechen, wenn sie Flöten spielen hörten, und vom Schlagen der Trommeln nicht unruhig zu werden; sie lernten, sich von der Panflöte bezaubern zu lassen; sie lernten, auch schrille Missklänge, dumpfen Marschtritt und vielstimmigen Gesang ruhig zu ertragen. Mit viel Mühe wurden die Elefanten auch dazu erzogen, sich vor Menschenmassen nicht zu fürchten. Selbstüberwindung forderten auch diese Dressurakte: dass sie beim Niederfahren eines Peitschenschlages nicht wütend wurden, ja nicht einmal unter der Nötigung, die Beine oder den Rüssel im Tanzschritt zu schwingen und zu schwenken, in Wut gerieten – und alles das trotz ihrer gewaltigen Stärke und Wehrkraft. Von Natur brachten diese Elefanten nun schon die hohe Auszeichnung mit, dass sie sich gegenüber der menschlichen Erziehung weder ungebärdig noch ungehorsam zeigten; nachdem ihr Ballettmeister ihnen dann noch zahlreiche Kunststücke beigebracht und alles Gelernte nochmals sorgfältig eingeübt hatte, enttäuschten sie die Mühe der Dressur nicht, als schliesslich mit den Spielen des Germanicus für sie die Herausforderung und die Gelegenheit gekommen war, ihre Künste vorzuführen.

Zwölf Elefanten an der Zahl bildeten damals das Ballett, und sie traten kunstgerecht von der einen und der anderen Seite der Arena her in zwei Abteilungen auf. Mit weichlichen, wiegenden Schritten, den ganzen Körper hin und her schwingend, kamen sie herein, in Tänzerkostüme mit Blumenmotiven gekleidet. Und sobald der Ballettmeister ihnen nur mit halblauter Stimme ein kaum hörbares Zeichen gegeben hatte, stellten sie sich das eine Mal in Reih und Glied auf, wenn er ihnen dieses befohlen hatte, und schritten das andere Mal im Kreis herum, wenn er dazu das Zeichen gegeben hatte, und wenn sie darauf wieder zur Seite einschwenken sollten, gehorchten sie auch diesem Befehl. Danach verstreuten sie Blumen um sich her und schmückten so die Manege ringsum aus, und auch das taten sie massvoll und sparsam. Währenddessen stampften sie immer wieder leicht mit den Füssen auf den Boden, in tänzerischer Bewegung und im Takt der Musik, und immer in vollkommenem Gleichmass untereinander ...

Doch was darauf folgte, reichte hin, die Zuschauer geradezu in Raserei zu versetzen. Riesige Strohmatratzen zu niedrigen Speisesofas wurden in den Sand der Arena gebracht; darüber wurden flache Kissen und darüber wieder bunte Decken gebreitet; die ganze Ausstattung stellte unverkennbar ein Haus von überaus grossem, seit alters überkommenem Reichtum vor. Kostbar gearbeitete Trinkgefässe wurden dazugesetzt und goldene und silberne Mischkessel, bis an den Rand mit Wasser gefüllt; prächtig gearbeitete

Tische aus Zitrusholz und Elfenbein wurden aufgestellt; darauf waren grosse Mengen von Fleisch und Brot aufgetürmt, genug, auch die Mägen der unersättlichsten Tiere zu füllen.

Als schliesslich alles, was zur Vorbereitung eines üppigen Gastmahles gehört, vollständig und überreich bereit stand, traten die Gäste auf: sechs männliche und die gleiche Anzahl weibliche Elefanten. Die einen trugen Männer-, die anderen Frauenkostüme, und so legten sie sich nun in der allerbesten Ordnung paarweise zu Tische, immer ein Herr und eine Dame nebeneinander. Auf einen leisen Zuruf hin streckten sie ihre Rüssel wie Hände ganz manierlich nach den aufgetragenen Speisen aus und speisten so mit vollkommenem Anstand; nicht einer von ihnen erweckte den Eindruck von Gefrässigkeit, als sei er etwa darauf aus, einem anderen einen Leckerbissen wegzuschnappen oder sonst mehr zu ergattern als die anderen. Und als man nach dem Essen dann zum Trinken überging, wurde neben jedem ein goldener Mischkessel aufgestellt; daraus sogen sie mit ihren langen Rüsseln das Wasser auf und tranken so vollkommen gesittet. Am Ende spritzten sie noch die sie bedienenden Wärter nass, aber auch das nur ganz spielerisch und gar nicht ungehörig.

Noch vieles andere Derartige wird von der besonderen Begabung dieser Tiere berichtet, kluge und erstaunliche Dinge. Ich habe selbst einmal einen Elefanten lateinische Buchstaben mit dem Rüssel auf eine Tafel schreiben sehen, ohne jedes Verwackeln und Verwischen; das einzige war, dass die Hand seines Lehrmeisters leicht auf seinem Rüssel lag und diesen beim Schreiben der Buchstaben führte, bis die Abschrift fertig war. Dabei blickte der Elefant so angespannt auf die Tafel nieder, dass man fest hätte behaupten mögen, die Augen des Tieres seien geschult, die Buchstaben zu erkennen.»

Aelian

Gestiefelt und gespornt

> *«Willi Wacker, Hund, schaffte den Sprung in den Grossen Senat der Universität Ulm zwar nicht, konnte bei den Wahlen aber mit sechzig Stimmen einen Achtungserfolg erringen. Die weisse Promenadenmischung gehört einem Studenten, der offenbar durch die Kandidatenaufstellung seine Verärgerung über die Abschaffung des Allgemeinen Studentenausschusses zum Ausdruck bringen wollte.»* (1978)

Hat wohl der Student, der die Ulmer Senatswahlen derart auf den Hund kommen liess, von Caligulas Favoriten *Incitatus* gewusst? Gaius Caesar, ein Urenkel des Augustus, mit Spitznamen *«Caligula»* – seit seiner frühen Kindheit im Feldlager seines Vaters Germanicus, wo der Dreijährige in seinem massgeschneiderten Legionärskostüm der allgemeine Liebling war, hing ihm dieser Kosename «Stiefelchen» an – regierte von 37 bis 41 n.Chr.; er war der erste römische Kaiser, der sich nach dem Vorbild der hellenistischen Könige selbst zum Gott erhob: Als Inkarnation Jupiters nannte er sich *Optimus Maximus Caesar*. So kurz die Regierungszeit dieses Gottkaisers gewesen ist, so lang ist die Skandalchronik, die Sueton in seiner Biographie vor uns ausbreitet; ein Kapitel darin gilt Caligulas Rennleidenschaft.

Als ein enthusiastischer Parteigänger und Förderer der «Grünen» – die vier Rennfahrerklubs, die einander im Circus Maximus unterhalb der Kaiserresidenz auf dem Palatin harte Rennen lieferten, unterschieden sich durch ihre Farben Grün und Weiss, Blau und Rot – habe der leibhaftige Gott des öfteren im Rennstall «seines» Klubs gespeist und sei sogar gelegentlich über Nacht bei «seinen» Jockeis geblieben; einmal habe er dem «grünen» Star-Jockei Eutychos nach einem ausgelassenen Gelage die Riesensumme von zwei Millionen

Sesterz überreicht – ein wahrhaft gottkaiserliches Gastgeschenk.

Einen wahren Kult aber hat Caligula nach Suetons Bericht mit seinem Rennpferd *Incitatus* (wörtlich: «Angespornt») getrieben. Am Tage vor einem Wagenrennen liess er regelmässig durch kaiserliche Wachen in der Nachbarschaft des Rennstalls Silentium befehlen, um dem Pferd jede Beunruhigung fernzuhalten; nicht genug damit, dass *Incitatus* in einer marmornen Stallung stand, aus einer elfenbeinernen Krippe frass, purpurne Decken und edelsteinbesetzten Halsschmuck besass – sein kaiserlicher Fan Caligula schenkte ihm eine eigene Residenz samt Hauspersonal und Ausstattung, damit die im Namen und zu Ehren des Rennpferdes eingeladenen Gäste stilgerecht zur Siegesfeier empfangen werden konnten. Und dann das Unerhörte: Der Kaiser, so die Schlusspointe, habe seinen Favoriten im Circus auch zu seinem Favoriten in der Curie gemacht: er habe das Rennpferd *Incitatus* zum Konsul bestimmt. Wie spielerisch Caligula diese auf die römische Aristokratie zielende Geste der Missachtung auch immer geäussert haben mochte – hätte er etwa eher zögern sollen, ein Pferd zum Konsul *honoris causa* als sich selbst zum Gott zu befördern?

Vor Jahren erzählte der Streiflichterschreiber einmal einer jungen Zürcherin, einer passionierten Reiterin, von dem gestiefelten Kaiser Caligula und dem gespornten Konsul *Incitatus.* Sie schaute einen Augenblick erschrocken drein, dann hatte sie ihr Urteil in der Sache gefasst: «Das tuet dem Ross nöd guet.»

Die «Grünen» und die «Blauen»

Grün und Weiss, Blau und Rot waren die eher berüchtigten als berühmten Farben der vier erbittert einander befehdenden Klubs, die von der frühen Kaiserzeit an zuerst in Rom, dann in Konstantinopel jahrhundertelang die Wagenrennen ausrichteten. In «Grüne» und «Weisse», «Blaue» und «Rote» war auch ihr nach Hunderttausenden zählendes Publikum gespalten, vier nicht minder erbittert einander bekämpfende Parteien, deren einziges Programm eben ihre Farbe war. Zumal die «Grünen» und die «Blauen» standen einander feindlich gegenüber; die «Weissen» und die «Roten» hatten sich diesen dominierenden Klubs angeschlossen. Mehr noch als das Amphitheater mit seinen brutalen Gladiatorenkämpfen und Tierhetzen schlug der Circus mit seinen rasanten Wagenrennen die grossen Massen in seinen Bann; auf die Wagenrennen vor allem war das geflügelte *«Panem et circenses»* gemünzt.

«Wie viele Menschen in Rom wirst du denn noch finden können, die zu Hause von irgend etwas anderem reden?», ereifert sich der Historiker Tacitus am Anfang des 2. Jahrhunderts n.Chr. in seinem Dialog «Über die Redner» und weiter: «Welche anderen Gespräche unter den Studenten hören wir denn noch, wenn wir einmal in die Hörsäle gehen?» Rhetorische Fragen, und müssige Fragen: Die allgemeine Rennbegeisterung, die damals vom Kaiser bis zu den grossen Massen ganz Rom ergriff, trieb die groteskesten Blüten. Kaiser Caligula soll sein Lieblingspferd *Incitatus* in einer marmorgetäferten Stallung und an einer elfenbeinbeschlagenen Krippe gehalten, es mit einer eigenen Residenz für seine Siegesfeiern beschenkt und ihm schliesslich sogar konsularische Ehren zugedacht haben; und im späteren 2. Jahrhundert bezeugt der griechische Arzt Galen, die Fans der «Grünen» und der «Blauen» hätten jeweils mit Kennermiene an den herabgefallenen Pferdeäpfeln dieser vergötterten Renner gerochen, um sich von der richtigen Zusammensetzung des Diät-Futters zu überzeugen.

In einem Freundesbrief an Gaius Calvisius Rufus macht der jüngere Plinius, ein Zeitgenosse und Freund des Tacitus, seinem Unmut über diesen «kindischen» Trikot-Fetischismus Luft; für ihn sind diese Tage der Wagenrennen Tage geschenkter Musse:

«Alle diese letzten Tage habe ich inmitten meiner Schreibtäfelchen und Bücher in angenehmster, ungestörter Ruhe verbracht. Wie, wirst du sagen, ist dir das in der Stadt gelungen? Es fanden Wagenrennen statt, eine Art von Schauspiel, die mich auch nicht im mindesten fesselt. Keinerlei Neuigkeit, keinerlei Abwechslung, nichts, was nicht einmal gesehen zu haben genügte. Um so mehr wundere ich mich darüber, dass so viele tausend erwachsene Männer derart kindisch immer wieder das Verlangen verspüren, laufende Pferde und auf Wagen stehende Lenker zu sehen. Wenn sie wenigstens entweder von der Schnelligkeit der Pferde oder von den Fahrkünsten der Jockeis angezogen wären, so hätte das noch einigen Sinn; jetzt aber jubeln sie einem bunten Trikot zu, für ein buntes Trikot schwärmen sie; und nimm einmal an, mitten im Rennen, mitten im Wettkampf würde die grüne Farbe hierhin, die blaue Farbe dorthin von einer Partei auf die andere übertragen: Zugleich mit der Farbe wird das Zurufen und das Zujubeln von der einen Mannschaft auf die andere überspringen, werden die Zuschauer eben die Wagenlenker, eben die Renngespanne, die sie aus der Entfernung erkennen, deren Namen sie in Sprechchören rufen, augenblicklich im Stich lassen. So grosse Geltung, so grosse Wirkung ist in einem einzigen nichtigen Trikot gelegen – ich will gar nicht sagen bei der grossen Menge, die noch nichtiger ist als ein Trikot, sondern auch bei manchen ganz ernsthaften Menschen. Wenn ich mir vergegenwärtige, wie diese Leute vor einem so gehaltlosen, langweiligen, immergleichen Programm ihre Tage versitzen, so ziehe ich ein nicht geringes Vergnügen daraus, dass dieses Vergnügen mich nicht in seinen Bann schlägt. Und so lege ich denn die Mussezeit dieser Tage nur zu gern in der literarischen Arbeit an – während andere diese gleichen Tage mit den müssigsten Zerstreuungen verlieren.»

Szenen aus den heissen Bädern

«Von allen Seiten her umbrandet mich ein vielfältiges Stimmengewirr. Unmittelbar über einem öffentlichen Bad wohne ich hier! Stelle dir nun alle möglichen Arten menschlicher Lautäusserungen vor, die einen dazu bringen können, seine Ohren zu verwünschen. Wenn die ganz Unentwegten ihr Fitness-Training betreiben und ihre mit Bleigewichten beschwerten Hände hinüber und herüber schwingen, wenn sie sich dabei anstrengen oder doch so tun, als ob sie sich anstrengten, höre ich ihr Stöhnen; so oft sie dann den angehaltenen Atem wieder loslassen, höre ich ihr pfeifendes Ausatmen und ihr keuchendes Atemholen. Wenn mir dann wieder ein anderer ins Ohr fällt, der weniger Ehrgeiz hat und sich mit dem gewöhnlichen Einölen und Massieren begnügt, höre ich das Klatschen der auf seine Schultern aufschlagenden Hand, das je nachdem, ob sie flach oder hohl auftrifft, einen helleren oder dumpferen Klang hat. Wenn dann noch ein Ballspieler dazukommt und anfängt, mit lauter Stimme die Bälle zu zählen, ist es vollends um meine Ruhe geschehen.

Nimm nun noch einen lautstark schimpfenden Streithahn hinzu, einen auf frischer Tat ertappten Dieb und die vielen, die im Bad an ihrer Stimme Gefallen finden; nimm weiter die hinzu, die mit gewaltigem Getöse des aufspritzenden Wassers ins Schwimmbecken springen, dazu noch die Nichtsnutze, die wenn schon nichts anderes, so doch eine rechte Stimme besitzen; denke dir dazu noch den Haarauszupfer, der seine dünne und heisere Stimme, um sich nur recht bemerkbar zu machen, ununterbrochen strapaziert und keinen Augenblick Ruhe gibt – oder höchstens, solange er einem die Achseln auszupft und diesen derweil für sich schreien lässt. Und schliesslich noch die vielerlei Anpreisungen der Kuchenverkäufer, Würstchenverkäufer und Süsswarenhändler, nicht zu vergessen alle die Garküchenwirte, die ihre Waren jeder mit seinem eigenen, ins Ohr fallenden Singsang anbieten ...» *Seneca*

«Regelmässig besuchte Kaiser Hadrian die öffentlichen Thermen und badete dort zusammen mit dem einfachen Volk. Aus dieser Gewohnheit ist ein beliebter Badescherz populär geworden: Denn als Hadrian bei einem dieser Thermenbesuche einmal einen alten Kriegsveteranen und Dienstkameraden wiedererkannte und beobachtete, wie der alte Mann sich den Rücken und den übrigen Teil des Körpers an der Wand abscheuerte, sprach er ihn an und fragte ihn, warum er sich denn von den Marmorplatten statt von einem Badesklaven den Rücken frottieren lasse; und als dieser darauf erwiderte, er müsse sich wohl oder übel so behelfen, weil er weder einen eigenen Sklaven besitze, der ihn in die Thermen begleiten könne, noch das Trinkgeld dafür übrig habe, sich dort von einem Badesklaven bedienen zu lassen, beschenkte der Kaiser ihn sowohl mit mehreren Sklaven zu seiner Bedienung als auch mit einer Geldzuwendung für seinen Unterhalt. Doch als sich dann an einem der folgenden Tage eine ganze Reihe alter Männer, um die Freigebigkeit des Kaisers zu provozieren, an den marmornen Wandplatten abscheuerten, liess Hadrian diese Leute alle miteinander zu sich heranrufen und forderte sie auf, sich wechselseitig einer dem anderen den Rücken zu frottieren.» *Historia Augusta*

«Homo homini lupus»

«Lupus est homo homini.»
«Ein Wolf ist der Mensch dem Menschen.»
Plautus

Neben seinen wirkungsvoll arrangierten Hauptattraktionen, den mit artistischer Perfektion ausgefochtenen Gladiatorenkämpfen und den zumal aus den afrikanischen Provinzen beschickten Tierhetzen, bot das römische Amphitheater seinen Zuschauermassen immer wieder auch öffentliche Hinrichtungen. Noch ganz unter dem Abscheu erregenden Eindruck des Gesehenen berichtet Seneca in einem seiner «Briefe an Lucilius» von einem solchen Schauspiel, das nach den kunstvoll inszenierten Darbietungen des Vormittagsprogramms die Mittagspause füllte – als ein vergleichsweise kunstloses, doch nicht minder blutiges Intermezzo. Nur mit dem blanken Schwert bewaffnet, ohne schützende Rüstung, wurden die zum Tode Verurteilten mit Peitschen und glühenden Eisen gegeneinander getrieben, wechselseitig einer den anderen niederzuhauen. Senecas Verurteilung dieser unmenschlich grausamen Massenunterhaltung, geschrieben auf der Höhe der vergnügungssüchtigen Neronischen Zeit, ist eine der wenigen Anklagen, die jemals in der Antike gegen die Brutalitäten des Amphitheaters erhoben worden sind – und wohl die bitterste:

«Nichts ist so verderblich für den Charakter wie der Zeitvertreib in irgendeinem Schauspiel. Denn da schleichen sich, über das Vergnügen, die Fehler um so leichter ein. Was, meinst du, will ich sagen? Unersättlicher komme ich zurück, ehrgeiziger, verschwenderischer, ja wahrhaftig grausamer und unmenschlicher, weil ich unter Menschen gewesen bin.

Zufällig geriet ich in eine Mittagsvorstellung; ich erwartete Spässe und Scherze, irgendeine Zerstreuung, bei der die Augen der Menschen sich vom Menschenblut erholen könnten. Umgekehrt ist es: Alle die vorausgegangenen Kämpfe waren hiergegen noch Erbarmen. Jetzt, ohne den artistischen Schnickschnack, ist es die reine Menschenschlächterei. Nichts haben sie zur Deckung; mit dem ganzen Körper den Schlägen ausgesetzt, führen sie keinen Hieb vergeblich. Das ziehen die meisten Zuschauer den gewöhnlichen und selbst den auf besonderes Verlangen arrangierten Gladiatorenkämpfen vor. Warum sollten sie auch nicht? Nicht am Helm, nicht am Schild prallt das Schwert ab. Wozu auch die Rüstung? Wozu die Artistik? All das hält doch den Tod nur auf. Am Vormittag werden die Menschen den Löwen und Bären, in der Mittagspause den Zuschauern, ihren Artgenossen, vorgeworfen. Die an den ersten zu Schlächtern wurden, lassen sie anderen vorwerfen, die nun sogleich an diesen zu Schlächtern werden, und den Sieger des letzten Zweikampfes halten sie für das nächste Gemetzel zurück. Der Abgang der Kämpfer ist der Tod; mit Eisen und Feuer wird gefochten. Und das geschieht einzig, um die Mittagspause auszufüllen!

„Aber der hier hat einen Raubüberfall begangen, der dort vielleicht einen Menschen ermordet!" Was heisst das? Mit seiner Mordtat hat der da unten verdient, das zu erleiden; du aber, womit hast du, Erbärmlicher, verdient, das mitanzusehen? „Töte ihn! Peitsche ihn! Brenne ihn!" „Warum läuft der so furchtsam ins Schwert?" „Warum stösst der so zaghaft zu?" „Warum stirbt der so unwillig?" „Mit Peitschenhieben treibt sie ihren Wunden entgegen! Wechselseitig sollen sie die Hiebe auf ungedeckter, zugekehrter Brust voneinander empfangen!" Das eigentliche Schauspiel ist unterbrochen: So sollen inzwischen wenigstens diese Menschen hingeschlachtet werden, damit nur ja nicht nichts geschieht!»

Blut und Ketchup

«Das Vergnügen wird heute in allem gesucht... Nichts ist mehr verwerflich, das Unterhaltungswert hat. Der Mensch, eine unantastbare Sache für den Menschen, wird schon zum vergnüglichen Zeitvertreib hingeschlachtet, ... und Schauspiel genug, dargeboten von einem Menschen, ist sein Tod.»
Seneca

Immer wenn – in fast schon regelmässiger Wiederkehr – das heikle Thema der Brutalität auf dem Bildschirm zum Gegenstand öffentlicher Diskussionen wird, gewinnen die wenigen Stimmen, die sich in der Antike je gegen die blutigen Gladiatorenkämpfe, Hinrichtungen und Tierhetzen im Amphitheater erhoben haben, eine beklemmende Aktualität. Zwar ist an die Stelle der im Sonnenlicht gleissenden Arena der im Elektronenstrahl flimmernde Bildschirm getreten, an die Stelle des Menschenblutes eine Art Ketchup wie überhaupt an die Stelle der grausigen Wirklichkeit eine perfekte Illusion; die Zuschauer jedoch sind dieselben Menschen von Fleisch und Blut geblieben, und in ihnen hat jene zeitgenössische Kritik die wahren reissenden Bestien und zugleich die wahren Opfer der amphitheatralischen Spiele gesehen. In seinen um das Jahr 400 n.Chr., kurz vor dem Ende der Gladiatorenkämpfe, geschriebenen «Bekenntnissen» schildert der Kirchenvater Augustin, wie sein junger Schüler Alypios, der spätere Bischof ihrer gemeinsamen Vaterstadt Thagaste, in Rom der übermächtigen Faszination des Amphitheaters erliegt:

«Ganz und gar nicht abweichend von dem irdischen Lebensweg, den einzuschlagen seine Eltern ihn wie mit magischer Gewalt zwangen, war Alypius mir nach Rom vorausgefahren, um das Recht zu studieren; und dort wurde er von dem unglaublichen Rachen des Gladiatorenschauspiels – und auf eine unglaubliche Weise – verschlungen. Denn obwohl Alypius Abneigung und Abscheu empfand gegenüber solchen Veranstaltungen, schleppten ihn doch einige Freunde und Mitschüler, denen er zufällig – sie kamen eben vom Mittagessen zurück – auf der Strasse begegnet war, gegen seinen heftigen Widerspruch und Widerstand mit freundschaftlicher Gewalt ins Amphitheater, an einem Tag grausamer, tödlicher Kämpfe. „Meinen Leib“, hielt er ihnen noch entgegen, „könnt ihr ja immer an diese grausige Stätte schleppen und dort niedersetzen; aber denkt ihr etwa, ihr könnt auch meine Seele und meine Augen auf diese Schauspiele richten? Anwesend werde ich abwesend sein und so zugleich über euch und über diese Greuel triumphieren.“ Als die Freunde ihn so reden hörten, zogen sie ihn nur noch ungestümer mit sich fort; denn nun waren sie gespannt, ob er das fertigbringen werde.

Als sie im Amphitheater ankamen und sich, wo sie noch Plätze finden konnten, niederliessen, brodelte rings um sie schon alles von blutrünstiger Lust. Alypius verschloss die Torflügel seiner Augen und untersagte seiner Seele, sich in solche Gefährdungen hinauszubegeben. Und hätte er doch auch noch seine Ohren verstopft! Denn bei einer überraschenden Wendung des Kampfes schlug ein ungeheurer Aufschrei des ganzen Volkes heftig an sein Ohr; von der Neugier bezwungen und gerade so, als ob er gerüstet wäre, auch über das Gesehene, was immer es sei, Abscheu zu empfinden und Sieger zu bleiben, öffnete er seine Augen – und erlitt eine schwerere Verletzung an seiner Seele als jener, dessen Wunde er so sehr zu sehen begehrte, an seinem Leibe und stürzte jämmerlicher als jener, dessen Sturz das Volk hatte aufschreien lassen. Dieser Aufschrei drang durch seine Ohren ein und entriegelte seine Augen, um derart den Weg zu öffnen, auf dem seine bis dahin noch eher kühne als tapfere Seele getroffen und niedergeworfen werden konnte – die doch um so schwächer war, als sie das Vertrauen auf sich selbst gesetzt hatte, das sie auf Dich, Herr, hätte setzen sollen.

Denn in dem gleichen Augenblick, in dem er das Blut dort unten erblickte, schlürfte er Mordgier in vollen Zügen, und er wandte sich nicht ab, sondern heftete seine Blicke auf das grausige Schauspiel und sog die Furien in sich ein und war sich seiner selbst nicht mehr bewusst; er ergötzte sich an den Greueln des Kampfes und berauschte sich an blutgieriger Lust. Und er war nicht mehr der, als der er gekommen war, sondern einer aus der Menge, zu der er gekommen war, und nun ein wahrer Genosse derer, von denen er dorthin geschleppt worden war. Was weiter? Er schaute, er schrie, er entbrannte lichterloh; und er trug aus dem Amphitheater die Raserei mit sich fort, die ihn anstachelte wiederzukommen, nicht nur zusammen mit denen, von denen er vorher dorthin geschleppt worden war, sondern nun auch ihnen voran und wieder andere mit sich ziehend.»

Spanischer Pfeffer, Attisches Salz

«Spanischer Pfeffer» – so lässt Goethe am Anfang seiner «Xenien» den römischen Klassiker der Gattung, den aus Spanien gebürtigen Martial, die scharfgewürzten Epigramme nennen, die unter der unverfänglichen Deklaration als «Xenien», «Gastgeschenke», die heisse Konterbande ihres beissenden Sarkasmus führen:

«Martial
Xenien nennet ihr euch? Ihr gebt euch für Küchenpräsente?
Isst man denn, mit Vergunst, spanischen Pfeffer bei euch?»

Statt eines Mitbringsels für den Gastgeber forderte die Tischsitte der Antike ein *«apophóreton»*, ein «Wegtragsel», für den Gast; Begleitgedichte zu solchen Gastgeschenken hatte der junge Martial unter den Titeln *«Xenia»* und *«Apophoreta»* veröffentlicht. Doch Goethes «Xenien» verdanken dem römischen Dichter nicht nur den Titel und die äusserste, auf ein einziges Distichon zusammengedrängte Kürze: Martialisches Erbe ist auch ihre gepfefferte Schärfe.

Martial selbst nimmt für seine Epigrammkunst ein anderes Küchengewürz in Anspruch, das die Römer vom kulinarischen zum literarischen Gebrauch erhoben haben: das Salz. Mit seinen Elffüsslern und Elfsilblern, seinen Distichen und Hendekasyllaben, «und mit viel Salz», sagt er in einem hintergründig ironischen Epigramm, sei er überall in der Welt bekanntgeworden, und doch – was soll der Neid? – nicht bekannter als der Karrengaul Andraemon, ein Rennpferd, dessen Bekanntheitsgrad damals offenbar unschlagbar war.

Als eine kleine Prise aus diesem Riesensalzfass sei hier ein kunterbuntes Sammelsurium Martialischer Epigramme präsentiert, fast durchweg Zweizeiler – diese allerknappste Form ist ja zugleich die geschliffenste, pointierteste. Da geht es um Zudringlichkeiten und Erbschleicherei, um Heiratsprojekte und Bodenerträge und des weiteren natürlich auch um die lieben Kollegen und ihre Lesungen, und die boshaftere Deutung ist immer die zutreffende:

Beim Wort genommen

«Nichts sei, was du begehrst, erklärst du, schamloser Cinna.
Wenn du nichts, Cinna, begehrst, schlag ich dir, Cinna, nichts ab.»

Landwirtschaftliche Erträge

«Was mein Landgut mir einbringt, fragst du, Linus, das bei Nomentum?
Das bringt mein Landgut mir ein: Dich, Linus, treff ich da nicht!»

Blinkender Köder

«Der dich so üppig beschenkt, dich Reichen, Gaurus, dich Alten,
hast du noch Sinn und Verstand, sagt dir dies eine nur: Stirb!»

Nochmals: Landwirtschaftliche Erträge

«Schon ruht dir, Phileros, die siebente Frau auf dem Landgut:
mehr Zins als dir, Phileros, bringt keinem andern das Land.»

An den Falschen geraten

«Sieben Männer hat Galla begraben; nun wählte zum Mann sie
dich, Picentinus: ins Grab will sie den sieben wohl nach.»

Zwischen den Jahren

«Paula wünscht mich zum Gatten, ich wiederum Paula zur Gattin
nicht: diese Alte! – Ja, wär sie nur erst alt genug!»

Nochmals: An den Falschen geraten

«Heiraten willst du Priscus. Wen wundert's? Klug bist du, Paula.
Priscus will dich nicht heiraten: Klug ist auch er.»

Im Zerrspiegel, oder: Feuer und Wasser

«Hell entbrennen, so prahlst du, in Liebe zu dir alle Schönen,
Sextus, und hast ein Gesicht wie unter Wasser getaucht!»

Vorsichtsmassregel

«Warum, Pontilian, ich dir meine Gedichte nicht schicke?
Darum, Pontilian: dass du mir deine nicht schickst!»

Schubladisiert

«Während du Tag für Tag wohl zweihundert Verse verfertigst,
Varus, trägst du nichts vor. Unklug bist du – und bist klug.»

Gentlemen's Agreement

«Nichts rezitierst du, Mamercus, und willst als Dichter doch gelten?
Gelte, als was du nur willst – wenn du nur nichts rezitierst!»

Kollegiales Gegenrecht

«Selbst gibst du keine heraus, und rupfst mir meine Gedichte?
Rupf, Laelius, meine nicht mehr – oder gib deine heraus!»

Jenseits von Gut und Schlecht

«Alles willst hübsch du sagen, Matho. Sag auch einmal eines gut; eines gut nicht, nicht schlecht; eines sag auch einmal schlecht!»

Am falschen Platz

«Warum hüllst du zur Lesung den Hals in wärmende Wolle?
Besser käme der Schutz unseren Ohren zupass.»

Wahrhafte Aneignung

«Das du da rezitierst, das Buch, Fidentinus, ist meines;
doch so schlecht rezitiert, fängt es an, deines zu sein.»

Zu teuer

«Du bewunderst, Vacerra, nur die Alten
und lässt einzig die toten Dichter gelten.
Nimm's nicht übel, Vacerra: Gar so viel ist
mir dein Urteil nicht wert, dafür zu sterben.»

Wie mochte das Publikum auf derart gesalzene und gepfefferte Verse reagieren? Im Vorwort zu seinem ersten Epigrammbuch bekundet Martial selbst, dass seine Angriffe nicht gegen Einzelne gerichtet seien: er wolle die Person schonen und nur den Fehler geisseln. Die Namen sind also fiktiv. «Allfällige Ähnlichkeiten mit lebenden Personen sind zufällig», das sagt man, wenn die Ähnlichkeiten mit den Betroffenen augenfällig sind. Umso spannender wurde so das Ratespiel: wer steckt wohl hinter der heiratslustigen alten Paula, wer hinter dem Erbhofbauern Phileros, wer hinter dem frechen Plagiator Fidentinus? Bin ich's? Oder auch: Wer meint wohl, ich sei's? In einem erfolgsbewussten Doppeldistichon skizziert Martial einmal die heisskalten Seelenwechselbäder seines Publikums, wenn er tintenfrische Epigramme vorträgt oder wenn wie alljährlich eine neue Buchrolle zirkuliert – und seine eigene Seelenerwärmung ob dieser Publikumswirkung:

«Überall lobt und liebt und singt mein Rom meine Büchlein;
 jedermann hat mich im Sack, jedermann mich in der Hand.
Sieh: der wird rot, der bleich, der erstarrt, der gähnt, der verwünscht mich;
 recht so! – jetzt lob ich mir meine Gedichte auch selbst.»

«Das sind wir, ich und du ...»

Dass ein Publikumsliebling und Bestsellerautor wie der römische Dichter Martial, der Grossmeister des Epigramms, sein Leben lang von gelegentlichen Zuwendungen vermögender Gönner abhängig geblieben ist, scheint uns heutzutage, da Millionenauflagen auch Millionengewinne einbringen, nur noch schwer verständlich. Die Antike kannte zwar wohl Verlagshäuser und Buchhandlungen, doch nicht Urheberrechte und Autorenhonorare: Der Autor ging bei dem ganzen Handel leer aus. Welche Gelegenheit für einen kapitalkräftigen, prestigesüchtigen Möchte-gern-Maecenas, sich einen armen Dichter und etwa gar den vielbewunderten, vielgefürchteten Martial ins Knopfloch beziehungsweise in die Klientel zu stecken, ihn bei einer Abendeinladung als Überraschungsgast zu präsentieren und als modisches Accessoire anderswo zur Einladung mitzubringen! Martial war notfalls für einen guten Braten zu haben; doch manche gesalzenen und gepfefferten Epigramme lassen uns noch die Frustrationen und Entwürdigungen ahnen, die der Dichter neben Austern und Barben bei diesem kulinarisch-literarischen Gesellschaftsspiel hin und wieder zu schlucken bekam:

«Während ich dich zum Mahl, nach Haus geleite,
deinem Schwatzen, Labull, die Ohren leihe
und, was immer du sagst und tust, begrüsse –
ganze Buchrollen könnt ich derweil füllen!
Das scheint dir kein Verlust, Labull, wenn Verse,
die ganz Rom liest und kennt, der Fremde aufkauft,
schätzt der Ritter, sich einprägt der Senator,
lobt der Redner sogar, der Dichter tadelt,
deinetwegen verderben? Kann das wahr sein?
Wer erträgt das noch? Dir, Labull, zu Ehren,
dass der Schwarm deines Anhangs sich vermehre,

soll die Zahl meiner Bücher sich vermindern?
Dreissig Tage bald sind's, und kaum ist seither
mir ein einziges Blatt gelungen. So kommt's,
wenn's dem Dichter nicht passt, zu Haus zu speisen.»

In einem späteren, nicht minder galligen Gedicht wirft Martial, gewiss kein unproblematischer Schutzbefohlener, dem nämlichen Labull Knauserigkeit und Selbstüberschätzung vor: Er solle sich doch nichts darauf einbilden, dass er ihm hie und da ein kleines Sümmchen Silber, eine «frierende Toga», einen zu kurzen Mantel oder auch einmal ein paar Goldmünzen schenke, die dann vielleicht für einen oder für zwei Monate ausreichten – bloss weil er, Martial, gerade keinen besseren Patronus habe ... Schimpfen und schmähen konnte der Klient freilich erst im Nachhinein; während des Klientendienstes hiess die Parole schweigen und schmeicheln.

Der Klientendienst des kleinen Mannes und so auch unseres armen Dichters begann am frühen Morgen, bei Sonnenaufgang, mit einer Visite im Atrium des Patronus, wo dieser seine Wünsche für die jeweils nächsten Tage anmelden konnte und den Klienten, die erschienen waren, eine Art Taggeld ausrichten liess; er setzte sich im Laufe des Tages fort mit der Begleitung des Patronus, wo immer und wann immer dieser solche wünschte, auf das Forum, in die Bäder, an ein Gastmahl; und er endete erst am späten Abend, wenn die Klientenschar dem Patronus allenfalls noch das Geleit nach Hause gegeben hatte. Eine höchst zeitraubende, oder sagen wir's antik: musseraubende Angelegenheit, zumal wenn der Patronus im Falle eines solchen Renommierstükkes, wie Martial wirklich eines war, auf die ständige Gegenwart des Klienten Wert legte und zugleich der Klient im Falle eines solchen Hungerpoeten, wie Martial leider auch einer war, fortwährend auf solche Gönnerschaft angewiesen blieb.

Nicht dass Martial nun etwa buchstäblich bettelarm gewesen wäre: er hatte Wohnung, hatte Kleidung, hatte zu essen, hatte sogar Sklaven; und doch blieb eine schreiende Diskrepanz bestehen: hier die Stadtbekanntheit, ja Weltberühmtheit des überall gefeierten, geliebten und gehassten Dichters, der sich alles und jedes, was er brauchte, schenken lassen musste; dort die unabschätzbaren Reichtümer des römischen Senatoren- und des Ritterstandes, ja sogar und zumal der Freigelassenen, Parvenus, für die Martial nichts als Verachtung übrig hatte.

Dass der Kaiser den Dichter ehrenhalber in den Ritterstand hatte aufnehmen lassen, ohne ihn allerdings diesem Stande entsprechend auszustatten, machte die offenkundige Kluft zwischen Arm und Reich nur noch augenfälliger. Kompromisslos krass, aus Verletztheit verletzend, drückt Martial diese Diskrepanz in einem Epigramm aus, das an einen fiktiven gewissen Kallistrat, dem Namen nach ein griechischer Freigelassener, gerichtet ist, doch sicherlich auch unter den Senatoren und Rittern nicht wenige Adressaten hatte:

«Arm bin ich wohl, ich gesteh's, Kallistrat, und bin's immer gewesen,
doch ein Ritter und nicht ganz ohne Namen und Rang.
Überall werd ich gelesen, und überall heisst es: „Das ist er!" –
wenigen nur gönnt der Tod, was mir das Leben schon gab.
Aber dein prunkendes Haus ruht auf hundert prächtigen Säulen;
Freigelassnenbesitz sprengt deine Schatztruhen schier.
Dir dient die fruchtbare Scholle des nilgetränkten Syene,
Schafherden schert ohne Zahl Parma, das gallische, dir.
Das sind wir, ich und du: Doch was ich bin, das kannst du nicht sein,
aber was du bist, kann sein jedweder Hinz oder Kunz.»

«Morgen lebst du?»

Wie die raffiniert und reizvoll würzende römische Küche es liebte, die Schärfe des Pfeffers mit der Süsse des Honigs zu verbinden, so hat Martial zwischen die Hunderte seiner scharf gepfefferten Epigramme auch einige – wenige – mildere gestellt, die zum Kostbarsten seines Werkes gehören. In einem spielerischen, leichtfüssigen Epigramm in Elfsilblern attackiert und persifliert er einmal die glücklose Existenz der Menschen, die ihr Leben mit den Vorbereitungen für das Leben hinbringen, oder mit dem pointierten, paradoxen Wort seines älteren Zeitgenossen und wiederum Landsmannes Seneca: die zu leben erst dann anfangen wollen, wenn sie damit aufhören müssen, oder gar zu leben schon aufgehört haben, ehe sie damit nur angefangen hatten. Martial richtet sein Epigramm an einen bezeichnend benannten Herrn Postumus, einen Herrn «von und zu Spät»:

«Morgen lebst du, morgen, so sagst du, Postumus, immer.
  Sag mir, dies Morgen, sag, Postumus, wann trifft das ein?
Wie weit ist dies Morgen noch weg, wo muss man es suchen?
  Hat sich das hinter dem Mond, hinter dem Mars gar versteckt?
Schon ist dies Morgen so alt wie Priamos oder wie Nestor,
  ist eine Antiquität – sag mir, wie hoch ist sein Preis?
Morgen lebst du? Zu spät schon ist's, Postumus, heute zu leben;
  der ist verständig, der, Postumus, gestern gelebt.»

Etwa um die gleiche Zeit, da Martial nach Rom kam, notierte der vorher schon zitierte Seneca auch dieses so berühmte wie bittere Verdikt: *«Non vitae, sed scholae discimus»*, «Nicht für das Leben, für die Schule lernen wir», ein

Wort, das erst in sein Gegenteil verkehrt werden musste, ehe es in die Lateinschulen und dann auch in den Zitatenschatz Eingang finden konnte. Es hätte solcher Mahnung von seiten des einen spanischen Landsmannes freilich kaum bedurft, diesen Martial um die Rhetorikschule des anderen Landsmannes Quintilian einen grossen Bogen machen zu lassen. Mit grossartig ausholender Geste und ironisch ergebener Verbeugung erteilt Martial einmal dem grossen Quintilian, der hehren Rhetorik und jeder Karriere eine unmissverständliche Absage, um darauf den etablierten Glücksbildern eines ständig sich mehrenden Vermögens und eines Hauses voller Ehrenstatuen sein eigenes sozusagen alternatives Glücksbild eines friedlichen, müssigen, ländlichen Lebens gegenüberzustellen:

«Quintilian, du mutwill'ger Jugend vornehmster Lenker,
Lobpreis, Quintilian, römischer Redekunst du,
dass zu leben ich eile, ich, arm und nicht unnütz an Jahren,
sieh es mit Nachsicht: Es eilt niemand zu leben genug.
Das schiebe auf, der begehrt, seines Vaters Besitz zu verdoppeln,
der seine Atrien voll ehrender Statuen stellt.
Mich freut ein Herd und ein Dach, das den schwärzenden Rauch nicht verübelt,
nah ein lebendiger Quell, ringsum verwildertes Grün.
Sei der Sklave mir satt, sei nicht zu gebildet die Gattin;
geh mir die Nacht hin mit Schlaf, geh ohne Streit hin der Tag.»

Seine persönlichsten, engagiertesten Gedichte aber hat Martial an seinen vertrauten Freund und Namensvetter Julius Martialis gerichtet. Das früheste der drei, die wir hier zitieren, gilt dem nahen sechzigsten Geburtstag des wohl anderthalb Jahrzehnte älteren Freundes, eines vielbeschäftigten Rechtsanwaltes:

«Würdig, der Erste zu heissen, Julius, im Kreis der Gefährten,
wenn treuer Freundschaft Recht, altersergraut, etwas gilt,
fast schon steht dir bevor der sechzigste Wechsel der Konsuln,
wenige Tagspannen nur zählt deine Lebenszeit noch.
Schieb nicht mehr auf, was du dir zuletzt noch könntest versagt sehn;
einzig die du erlebt, die Tage rechne als dein.
Sorgen und Mühen warten geduldig, in Ketten gefesselt,
Freuden verweilen nicht lang, leichtflüglig fliehn sie dahin.
Sie halte fest mit beiden Händen, umarme, umschling sie;
oft entgleiten auch so sie noch dem bergenden Schoss.
Kein Verständiger, glaube mir, sagt: „Ich lebe dann später";
morgen schon ist es zu spät, allzu spät – lebe du heut!»

Die zu Anfang zitierten spielerisch-schalkhaften Elfsilbler an jenen Postumus, der sein Leben lang beständig sein Leben auf morgen vertagte, klingen in diesen ernsthafter mahnenden Distichen wieder an, und vom flüchtigen Glück der müssigen Zeit, von der Trauer um das verlorene wahre Leben, spricht auch das zweite dieser Gedichte von Martial an Martial:

«Wär's, mein Freund Martial, vergönnt uns beiden,
sorglos unsere Tage zu geniessen,
frei die müssigen Stunden einzuteilen,
Zeit zu haben für unser wahres Leben –
nicht die vornehmen Häuser grosser Herren,
nicht Prozesse und Foren, streng und freudlos,
kennten wir, auch nicht stolze Ehrenstatuen,
sondern Ausfahrten, Plaudereien, Büchlein,
Plätze, Portiken, Schatten, Brunnen, Bäder
wären unsere Orte, unser Tagwerk.

Jetzt lebt keiner von uns für sich und sieht doch,
wie die sonnigen Tage all dahingehn,
uns verloren und doch uns angerechnet.
Sollte da, wer zu leben weiss, noch zögern?»

Das dritte und letzte dieser drei Freundesgedichte ist das schlichteste von allen: ein Katalog der Dinge, die das Menschenleben wenn nicht glücklich, so doch glücklicher machen. Er beginnt mit dem Äusserlichsten: mit dem Vermögen, das unser Martial eben nicht vom Vater ererbt hatte und sich auch nicht mühselig erwerben mochte; und es endet mit dem Innerlichsten: mit dem Einverständnis des Menschen mit sich selbst und mit seinem Leben und Sterben:

«Was uns glücklicher macht das Menschenleben,
liebster Freund Martial, sind diese Dinge:
ein Besitz, der ererbt, nicht schwer erworben;
Land, das Mühen belohnt, beständ'ge Herdglut;
niemals Streit, wenig Pflichten, ruhige Denkart;
Körperkraft uns gemäss, gesunde Glieder;
wache Aufrichtigkeit, uns gleiche Freunde;
freie Gastlichkeit, eine schlichte Tafel;
Nächte weinselig nicht, doch frei von Sorgen;
freudlos kalt nicht das Bett und dennoch schamhaft;
fester Schlaf, der die dunkle Nacht uns abkürzt;
was du bist, das sein wollen und nichts lieber;
weder fürchten das Ende noch es wünschen.»

Rom die Stärke – Rom die Liebe

Nolybab, Anatabke, Silopesrep, Nehta, Atraps, Allep, Leponitnatsnok, Notgnihsaw, Kroy Wen, Nodnol, Sirap, Uaksom, Gnikep – nichts als zungenbrecherischer Nonsense kommt heraus, wenn wir mit dem alten Kinderspiel die Namen antiker und moderner Metropolen von Babylon bis Washington rückwärts lesen. Einzig die Ewige Stadt macht eine Ausnahme: aus *Roma* wird *Amor*, aus der weltbezwingenden Stadt der allbezwingende Gott. Nicht genug damit – die Laune der Sprache eröffnet sogleich noch einen zweiten reizvollen Bezug: Lesen und verstehen wir den Namen griechisch, als *rhóme*, so bedeutet er «Stärke». Als wollte er den griechischen Osten und den lateinischen Westen des Reiches umspannen, wird so der Name *Roma/Rhóme* in beiden Bildungssprachen der Alten Welt, einmal vorwärts, einmal rückwärts gelesen, zum sprechenden Namen. Auch damit noch nicht genug: mit «Liebe» und «Stärke» deutet der Name zurück auf die beiden Stammgötter der Römer: auf die Liebesgöttin Venus, die Mutter des Stammvaters Aeneas, und den Kriegsgott Mars, den Vater des Stadtgründers Romulus. Und in knappster Verschlüsselung scheint dieser so beziehungsreich deutbare Name schliesslich das Herrschaftsprinzip vorwegzunehmen, das in dem berühmten Vergil-Vers seine klassische Prägung erhalten hat: *«...parcere subiectis et debellare superbos»*, «...die Unterworfnen zu schonen und niederzukämpfen die Frechen».

Die antike Romdichtung hat nicht allzu häufig und oft nur versteckt auf diese merkwürdig stimmigen Bezüge angespielt; vielleicht schien gerade das Zufällige daran der Würde der Ewigen Stadt unangemessen. Immerhin: neben das Vergilische *parcere* tritt oft genug ein *amare* und ein *amor*, worin wir wohl das Spiegelbild der göttlichen *Roma* erkennen dürfen. Ein unbekannter Verskünstler hat zwischen das

Palindrom *Roma/amor* einen ganzen palindromischen Pentameter gefügt oder eher gezwängt; der bei Sidonius Apollinaris im 5. Jahrhundert n. Chr. als «altbekannt» zitierte Vers lautet: *«Roma, tibi subito motibus ibit amor»*; ursprünglich wohl in dem Sinne (wir kapitulieren vor dem Palindrom): «Rom, dir entgegen sogleich schlägt voll Erregung das Herz.»

Erst der Renaissance verdanken wir Gedichte, die das Wortspiel *Roma/amor, Roma/rhóme* voll ausspielen. Im 16. Jahrhundert wird das Palindrom *Roma/amor* zur geschliffenen Waffe einer gepfefferten Rombeschimpfung. Calvins Mitstreiter und Nachfolger Théodore de Bèze beginnt ein Rom schmähendes Epigramm mit den Worten *«Roma amor est inversus . . .»*, «Rom ist Liebe verkehrt . . .», und der französische Humanist Jean Dorat dichtet, mit Martials Kunst wetteifernd und ihr ebenbürtig:

«Roma quod averso delectaretur Amore,
nomen ei averso nomine fecit Amor.»

«Roma, die Göttin, erfreute verkehrt sich des Liebesgotts Amor;
so hat zum Namen für Rom Amor den seinen verkehrt.»

Auf solche Schmähung erwidert im folgenden Jahrhundert Papst Urban VIII., Maffeo Barberini, die «Liebe» ins Christliche wendend, mit einer überraschenden, schlagenden Schlusspointe:

«Cum Romam nequeas, quod aves, evertere, nomen
invertis, mores carpis et obloqueris?
Te Germana tamen pubes, te Graecus et Anglus
arguit, exceptos quos pia Roma fovet.
Hostibus haec etiam parcens imitatur Iesum.
Invertis nomen. Quid tibi dicis? „Amor.“ »

«Ohnmächtig, Rom – wie du wünschst – von unterst zu oberst zu kehren,
kehrst seinen Namen du um, schmähst seine Sitten voll Hass?
Dich widerlegt doch die deutsche, griechische, englische Jugend,
die das christliche Rom in seinen Schulen erzieht.
Jesus nachfolgend, schont dieses Rom sogar seine Feinde:
Kehrst den Namen du um, liest du: „Ich werde geliebt."»

Roms «Stärke» und Roms «Liebe» und wieder Heidnisches und Christliches hat der gleiche Papst in einem anderen Epigramm zu Ehren der *urbs aeterna* in eins verschmolzen:

«Roma, sibi quondam quae robore subdidit orbem,
Argivo robur nomine significat.
Obsita tunc tenebris taurino polluit aras
sanguine, cum faceret sacra nefanda Iovi.
Vertit ab his mentem, cultus exosa deorum,
et veri floret relligione Dei.
Si nomen vertas, amor est: ut congruit! Illi
nam pius in populos cuncta subegit amor.»

«Rom, das durch seine Stärke sich einst die Welt unterjochte,
zeigt, liest du griechisch das Wort, „Stärke" im Namen schon an.
Tief umnachtet befleckte mit Stierblut Rom die Altäre,
einst, als es Jupiter noch ruchlose Opfer gebracht.
Davon hat Rom sich bekehrt, verwerfend die Kulte der Götter,
und nun blüht es im Dienst Gottes, des einzigen, neu.
Kehrst den Namen du um, ist er „Liebe": wie treffend! Es war ja
Liebe zur Welt, die Rom untertan machte die Welt.»

«Urbi et orbi»

Wenn Papst Johannes Paul II. an diesem Ostermorgen, wie alljährlich zu Ostern und zu Weihnachten und wie seine Vorgänger seit vielen Jahrhunderten, von der Loggia der Peterskirche herab der Christenheit den Segen *«urbi et orbi»* spendet, «für die Stadt und die Welt», so bedient er sich dazu einer klassischen Formel, die schon einige Zeit vor dem Beginn der christlichen Ära in Rom geprägt worden ist und für den Römer der Antike einen bedeutenden politischen Inhalt gehabt hat. Lateinisch *urbs*, die «Stadt», bezeichnet oft genug prägnant die Hauptstadt des Reiches, Rom, wie denn umgekehrt diese Hauptstadt für die Römer *die* Stadt schlechthin gewesen ist; *orbis (terrarum)*, der «Kreis der Länder», ist demgegenüber der Inbegriff der Welt, die sich der Antike ja als ein Länderkranz um das Mittelmeer darstellte. Der Gleichklang der beiden Worte, der sich in den deklinierten Fällen einstellt, wurde in der Kaiserzeit zur geprägten Chiffre für Roms in jahrhundertelangen Kriegen errungene und schliesslich ideologisch legitimierte Weltherrschaft, für das Einswerden der «Stadt» und der «Welt» im Römischen Reich.

Rhetorisch wirksame Steigerung und Übersteigerung erreicht Cicero in seiner ersten Rede gegen Catilina – dies wohl unser erstes Zeugnis für die Formel –, wenn er die Catilinarier Leute nennt, *«qui de nostro omnium interitu, qui de huius urbis atque adeo de orbis terrarum exitio cogitent»*, «die es auf unser aller Verderben, die es auf den Untergang unserer Stadt, ja der ganzen Welt abgesehen haben». Aber ihre volle politische Bedeutung erhielt unsere Formel erst in Augusteischer Zeit, als Rom sich nach der Überwindung des hundertjährigen Bürgerkrieges seiner Weltherrschaft vollends bewusst wurde und seinen weltweiten Machtanspruch in einer Ideologie des Friedens, der allbezwingenden

Stärke, aber auch der allumfassenden Milde, ja Liebe rechtfertigte.

Spielerisch leicht, wie sein Gegenstand es gebietet, nimmt Ovid in seiner «Liebeskunst» die stolze Prägung auf; den jungen Römern die eben eingeweihte «Naumachie» des Augustus, einen Schauplatz für Schiffsgefechte, zugleich als eine Arena für Liebesgeplänkel empfehlend, schliesst er mit einer reizvollen Wendung ins Paradoxe:

«Nempe ab utroque mari iuvenes, ab utroque puellae
venere, atque ingens orbis in urbe fuit.»

«Kamen aus West und Ost doch die jungen Männer und Mädchen,
Nord und Süd: In der Stadt fand sich versammelt die Welt.»

Ernster, gewichtiger schon tönt es im Kalendergedicht des gleichen Dichters, an Vergils bedeutungsschweres Jupiter-Wort *«Imperium sine fine dedi»*, «Ein Reich ohne Ende habe ich gegeben», gemahnend, zum Fest des Grenzgottes Terminus:

«Gentibus est aliis tellus data limite certo:
Romanae spatium est urbis et orbis idem.»

«Anderen Völkern ist Raum in gemessenen Grenzen gegeben;
einzig dem römischen ist *eines* die Stadt und die Welt.»

Vier Jahrhunderte später – die Wendung von der «Welt in der Stadt» war inzwischen, wie ein Dichter der Spätantike bezeugt, zum geläufigen Ausdruck geworden – hat Rutilius Namatianus, Stadtpräfekt im Jahre 414 n.Chr., in einem Hymnus auf die «ewige» *Roma* die kostbare Prägung noch einmal kunstvoll gefasst, wenige Jahre nach der Eroberung Roms durch Alarich, doch in ungebrochener Romgläubigkeit; Rom und sein Reich waren inzwischen, über die historische Katastrophe hinaus, zur unsterblichen Idee geworden:

«Fecisti patriam diversis gentibus unam.
Profuit iniustis te dominante capi,
dumque offers victis proprii consortia iuris,
urbem fecisti, quod prius orbis erat.»

«Vaterland hast du vielerlei Völkern ein einz'ges geschaffen.
Ja, noch der Frevler gewann, der deiner Herrschaft verfiel:
Mild bietest du dem Besiegten am eigenen Bürgerrecht Anteil
und hast zur Stadt so vereint, was einst gewesen die Welt.»

In den folgenden Versen lenkt Namatian den Gedanken noch einmal zurück zu Roms ungleichen mythischen Stammgöttern Mars und Venus und den entsprechenden politischen Prinzipien der «Stärke» – griechisch *rhóme* – und der «Liebe» – lateinisch *amor* –, die sich im Namen der Stadt so vorbedeutend ineinander spiegeln:

«Auctores generis Venerem Martemque fatemur,
Aeneadum matrem Romulidumque patrem.
Mitigat armatas victrix clementia vires;
convenit in mores nomen utrumque tuos.
Hinc tibi certandi bona parcendique voluptas:
quos timuit, superat; quos superavit, amat.»

«Venus und Mars nennen stolz wir die Urheber unseres Stammes:
sie des Aeneas Schoss, Same des Romulus er.

Leicht lässt die Milde des Siegers die Härte des Krieges vergessen:
Beider Stammgötter Art ist deinem Wesen gemäss.
Daher zu schonen so froh wie zu kämpfen, hast du seit jeher,
die du gefürchtet, besiegt, die du besiegt hast, geliebt.»

Als Rutilius Namatianus im Jahre 417 n. Chr. diese hymnischen Distichen schrieb, die uns heute eher als eine Würdigung der gestürzten denn als eine Huldigung der «ewigen» Göttin *Roma* anmuten, hatte die Stadt mehr mit Siegern als mit Besiegten zu schaffen. Damals aber erhob sich schon fast ein Jahrhundert lang auf den Fundamenten der ehemaligen Gardereiterkaserne die von Konstantin gestiftete Lateransbasilika, die auf ihrer Fassade stolz ihren Ehrentitel als *«omnium urbis et orbis ecclesiarum mater et caput»* zur Schau trägt: «Aller Kirchen der Stadt und der Welt Mutter und Haupt». In einer Zeit, in der so vieles zerbrach, ist diese schöne, einprägsame Chiffre für die Weltgeltung Roms bruchlos aus der Spätantike ins Mittelalter übergegangen – wie die Stadt, der sie gilt, selbst ein Zeugnis jahrtausendelanger historischer Kontinuität.

«Mitten in Rom suchst du Rom . . .»

«Qui Romam in media quaeris, novus advena, Roma,
et Romae in Roma nil reperis media,
aspice murorum moles praeruptaque saxa
obrutaque horrenti vasta theatra situ.
Haec sunt Roma: viden, velut ipsa cadavera tantae
urbis adhuc spirent imperiosa minas?
Vicit ut haec mundum, visa est se vincere, vicit,
a se non victum ne quid in orbe foret.
Nunc victa in Roma Roma illa invicta sepulta est,
atque eadem victrix victaque Roma fuit.
Albula Romani restat nunc nominis index,
quin etiam rapidis fertur in aequor aquis.
Disce hinc, quid possit Fortuna: immota labascunt
et, quae perpetuo sunt agitata, manent.»

Ianus Vitalis

«Mitten in Rom suchst du Rom, der die Stadt du eben betreten,
Fremder, und nichts von Rom findest du mitten in Rom?
Schau auf die mächtigen Mauern, die jäh abstürzenden Wände,
auf der Theater im Schutt tief schon versunkenes Rund.
Was du da siehst, ist Rom: Noch der Leichnam der Riesenstadt atmet
– spürst du's? – bis heute den Hauch herrisch gebietender Macht.
Wie Rom den Weltkreis besiegte, besiegte sich selbst es: besiegte
selbst sich, dass nichts in der Welt unbesiegt bleibe von Rom.
Nun ist in Rom, dem besiegten, das unbesiegte begraben,
und das siegreiche Rom und das besiegte sind eins.
Nur noch der Tiber ist übrig als Künder des römischen Namens,
reissend ergiesst sich der Fluss Welle um Welle ins Meer.
Lerne daraus, was Fortuna vermag: Das Ruhende stürzt sie,
und das ruhelos stets Fliessende lässt sie bestehn.»

Memento mori, memento vivere

Von dem alljährlich an der gleichen Ecke placierten Jahrmarktsstand der dörflichen «Chilbi», auf dem neben Schiess- und Schleckzeug auch all der feuchtkalte Schwabbelkram, Krokodile und Schlangen, Kröten und Spinnen, Kraken und Kakerlaken zu scheusslichen Klumpen geballt übereinanderliegen, haben die Kinder dieses Jahr zwei zittrige weisse Totengerippchen heimgebracht; angesichts ihrer schlappenden Unterkiefer und schlenkernden Gliedmassen kann es einen auch am hellichten Tage schon so recht wohlig gruseln.

Die kleinen Plastik-Skelettchen haben Tradition: Mit einem solchen Totengerippchen – einem massiv silbernen freilich, versteht sich – treibt Trimalchio, der köstlich geschmacklose Gastgeber in Petrons «Satiricon», sein Spiel, um daran seine rührselig-wehleidigen Betrachtungen über Leben und Tod zu knüpfen – zwischen Vorspeise und Hauptgericht ein locker serviertes *Memento mori:*

«Auf der Stelle wurden sorgfältig vergipste Glaskrüge hereingebracht, an deren Hälsen Etiketten mit folgender Aufschrift angebracht waren: „Falerner, anno Opimius, hundertjährig". Während wir die Aufschriften studierten, schlug Trimalchio die Hände zusammen und sagte: „Ach Gott, also lebt der Wein länger als ein Menschenkind. Darum wollen wir Prosit machen. Wein ist Leben. Echten Opimianer spendiere ich. Gestern habe ich keinen so guten vorgesetzt, dabei sassen viel vornehmere Leute zu Tisch." Als wir also tranken und seine Feudalität auf das gründlichste bewunderten, brachte ein Sklave ein silbernes Skelett herein, mit einem Mechanismus der Art, dass sich seine Glieder und Gelenke locker in jeder Richtung biegen liessen. Als er dies einmal ums andere über den Tisch hingeworfen hatte und die bewegliche Fügung allerlei Figuren bildete, setzte Trimalchio hinzu:

„Ach, wir armen Menschenkinder sind nur Luft!
So ergeht's uns allen, hat der Tod geruft.
Drum lustig, Leut, denn heut ist heut!"»

Lebensgenuss in der Todesgewissheit, ja Lebensgenuss *aus* der Todesgewissheit – es ist ein altüberlieferter, ehrwürdiger Topos, der hier in Trimalchios Trinkspruch zu lächerlichem Bildungskitsch herabgesunken ist. In der «Alkestis»-Tragödie des Euripides, einige Jahrhunderte vor Petron, begegnet uns der paradoxe Gedanke erstmals in seiner klassischen Form:

«Von allen Menschen treibt der Tod die Schulden ein;
da ist kein Sterblicher, der heute sicher weiss,
ob er den Tag, der morgen kommt, erleben wird...
Darum sei heiter, trink; das Leben *eines* Tags
sieh an als deines, und was folgt, als Spiel des Glücks.»

Viele Jahrhunderte später, in der Renaissance, hat ein unbekannter Autor den antiken Gedanken vom Leben im Bewusstsein des Todes in einer klassisch strengen Prägung neu ins Christliche gewendet: Leben in der Todesgewissheit, nun nicht mehr um des Lebens diesseits des Todes, sondern um des Lebens jenseits des Todes willen. Wir finden das brillant geschliffene, Heidnisches im Christlichen brechende Kleinod auf dem Grabmal eines spanischen Kardinals des 15. Jahrhunderts in der Basilika S. Sabina in Rom:

«Ut moriens viveret, vixit ut moriturus.»

Zweimal drei Wörter: zweimal das «Sterben», zweimal das «Leben», übers Kreuz und spiegelbildlich einander bedeutsam gegenübergestellt, im Wechsel von der Zukunft in die Vergangenheit und wieder in die Zukunft; zweimal das *«ut»* in je verschiedener Bedeutung – ein überaus prägnanter Gedanke in einer entsprechend prägnanten Verfugung, wie einzig die lateinische Sprache sie so schlicht und einfach, so scheinbar kunstlos gestattet. Die deutsche Übersetzung braucht gerade doppelt so viele Wörter:

«Er lebte auf den Tod zu, auf dass er im Tode lebe.»

«Atmende Bilder»

Am 6. April 1520, seinem 37. Geburtstag, ist Raffael in Rom gestorben; Papst Leo X. hat ihn unter der Kuppel des Pantheon beisetzen lassen. Die Grabinschrift an der Wand über der leicht versenkten Gruft rühmt den Künstler als einen «herausragenden Maler» und «den Alten ebenbürtig» – das höchste Lob, das Raffaels Zeit hat aussprechen können:

«Raphaeli Sanctio Iohann. f. Urbinati pictori eminentissimo veterumque aemulo, cuius spiranteis prope imagines si contemplere, naturae atque artis foedus facile inspexeris. Iul. II et Leonis X pontificum maximorum picturae et architecturae operibus gloriam auxit. Vixit annos XXXVII integer integros; quo die natus est, eo esse desiit VIII Id. April. MDXX.»

«Den Alten ebenbürtig» – dem Vergil-Kenner kaum verschlüsselt, wiederholen und erhöhen die folgenden Worte diesen Ruhmestitel: «Betrachten wir seine nahezu atmenden Bilder, so erkennen wir leicht das Bündnis, das Natur und Kunst in ihnen eingegangen sind.» Von den «atmenden Bronzen» der Griechen und dem «lebendigen Ausdruck» ihrer Marmorbildwerke hatte Vergil in berühmten Versen der «Aeneis» gesprochen, im Finale des 6. Buches, dort, wo er durch den Mund des Anchises die Überlegenheit der Griechen in der Kunst wie in der Wissenschaft anerkennt, um davon den politischen Auftrag der Römer abzuheben:

«Excudent alii spirantia mollius aera,
credo equidem, vivos ducent de marmore voltus ...»

«Andere werden dereinst geschmeidiger atmende Bronzen schaffen, abgewinnen dem Marmor lebendigen Ausdruck ...»

In unübertrefflicher Prägnanz ist dieses Widerspiel von Natur und Kunst in Ovids zauberhafter Pygmalionlegende in eine knappste Formel gefasst. Aus schneeweissem Elfenbein hat der zyprische Künstler mit «glücklicher Hand» und «staunenswerter Kunst» das Bildwerk eines Mädchens geschaffen und ihm eine Schönheit gegeben, «wie von Natur keine Frau heranwachsen kann»:

«Ganz einem wirklichen Mädchen gleicht sie; du glaubst fast, sie lebe,
ja sie wolle, verböt es die Scheu nicht, eben sich rühren:
so tief birgt sich die Kunst in der Kunst.»

Die Kunst übertrifft die Natur und erscheint zugleich als Natur. *«Ars latet arte sua»*, «Die Kunst verbirgt sich durch ihre Kunst»: Sie vollendet sich, indem sie ihre Künstlichkeit abstreift und den Schein der Natürlichkeit annimmt. Oft legt Pygmalion, von Liebe zu dem elfenbeinernen Mädchen ergriffen, die Hände an das Kunstwerk, erst zweifelnd, «ob dies ein Leib, ob dies Elfenbein sei», dann staunend überzeugt: «dies ist kein Elfenbein mehr» – bis schliesslich die Liebesgöttin sein Gebet erhört und das geliebte Bildwerk unter seinen Küssen errötend zum Leben erwacht.

Natur und Kunst sind auch die untrennbar aufeinander bezogenen Pole des Epigramms, das als der eigentliche Grabspruch in Raffaels Sarkophag eingeschnitten ist. Das klassisch streng gebaute Distichon aus der Feder des venezianischen Humanisten Pietro Bembo nennt allein die Natur; für die Kunst steht Raffaels Name:

«Ille hic est Raphael, timuit quo sospite vinci
rerum magna parens et moriente mori.»

«Dies ist Raffaels Grab, der die Schöpfernatur, da er lebte,
fürchten liess seinen Sieg, und da er starb, ihren Tod.»

Neun Worte Latein

Der durstige, hungrige Wanderer, der in Sils Baselgia im oberen Engadin auf der schmalen Landbrücke zwischen dem Silser und dem Silvaplaner See in der alten Pensiun Chastè einkehrt, findet in der getäferten Gaststube eine leibliche Kost vor sich und eine geistige Kost über sich – gesetzt, er versteht die Sprache ein wenig, in der die schlichte Arvenholzdecke ihn anspricht. Es ist Latein; wenn man die Namen und Daten nicht rechnet, nur neun Worte: ein Spruch von vier Worten, einer von dreien, einer von zweien.

Die arabisch geschriebenen Jahreszahlen 1573 und 1574 fallen als erstes ins Auge – Jürg Jenatsch mag einmal unter dieser Decke gesessen haben. Die eine Jahreszahl bezeichnet ein Geburtsjahr: *«1573 Federicus die 3 Februarii nat(us)»*, «1573 Federicus am 3. Februar geboren». Die andere, ihr folgende, wohl ein Todesjahr: *«1574 Bartolomeus Fedricus / 1574 Ibimus, ibitis; ibitis, ibunt»*, «1574 Wir werden gehen, ihr werdet gehen; ihr werdet gehen, sie werden gehen». Da wird die kunstlose Konjugationsreihe der ersten, zweiten und dritten Person Plural, Indikativ, Futur I, Aktiv des Allerweltsverbs *ire* zur künstlichen Prägung, zum bedeutungsschweren *Memento mori.* Durch die Wiederholung des mittleren *«ibitis»* in zwei gleichgewichtige Teile gegliedert, schreitet der schlichte Spruch in einer ersten Wendung vom Wir zum Ihr, in einer zweiten vom Ihr zum Sie fort, um so eindringlicher durch den Gleichklang der Formen und die geläufige Folge der Konjugationsendungen; schliesslich scheint das einzelne Menschenlos tröstlich aufgehoben in dem allgemeinen: *«Ibimus, ibitis; ibitis, ibunt»*, «Wir werden gehen, ihr werdet gehen; ihr werdet gehen, sie werden gehen».

Eine Geburtsanzeige, ein *Memento mori;* zu Geburt und Tod fügt sich als drittes die Zeit: *«Tempora tempore tempera».* Bewundern wir an jenem *«Ibimus, ibitis; ibitis, ibunt»* das

Raffinement des Zitats, das einer simplen Konjugationsreihe aus der Formenlehre der lateinischen Schulgrammatik Bedeutung verleiht, so an diesem *«Tempora tempore tempera»* das Raffinement der Prägung: Der Gleichklang der drei Worte erinnert an Caesars berühmtes *«Veni, vidi, vici»*; einzig die Vokale der unbetonten zweiten und dritten Silben sind variiert; es scheint fast, als ob auch hier wie vorher nur die Endungen wechselten. Freilich: So glänzend die Prägung, so dunkel die Bedeutung: «Mässige die Zeiten durch die Zeit»? Der dritte und kürzeste Spruch an der Decke der Gaststube, der einzige geläufige und gar «geflügelte» der drei, weist den Weg zur Lösung des Rätsels: *«Festina lente»*, «Eile mit Weile»; es ist die lateinische Version eines griechischen Spruches, den der Kaiserbiograph Sueton als ein Lieblingswort des Augustus anführt. Doch die grossartige Bildkraft dieses *«Tempora tempore tempera»* erschliesst sich erst aus dem Gegenbild der «fliehenden Zeit», wie es uns etwa begegnet in dem geflügelten Vergil-Vers *«Sed fugit interea, fugit inreparabile tempus»*, «Aber es flieht unterdes, es flieht die unwiederbringliche Zeit» oder in Horazens ebenso geflügelter *«fuga temporum»*, der unaufhaltsamen «Flucht der Zeiten». Diese «Flucht der Zeiten» im Sinn, meinen wir in unserem *«Tempora tempore tempera»* auf einmal die dahinstürmende Quadriga der Zeiten vor uns zu sehen: «Zügle die Zeiten durch die Zeit!»

Wer mag vor vier Jahrhunderten diese Inschriften von Geburt, Tod und Zeit an die Arvenholzdecke dieser Engadinerstube gesetzt haben? Wer der Urheber jenes *«Ibimus, ibitis; ibitis, ibunt»* und jenes *«Tempora tempore tempera»* sein? Wir wissen es nicht; doch verlockt es zu vermuten, dass der Pfarrherr der nahe benachbarten alten Basilika, die dem kleinen Sils Baselgia den Namen gegeben hat, von dieser Decke herab ein letztes Predigtwort an die hier zu Speis und Trank einkehrenden Gäste richtet – halb aus antikem, halb aus christlichem Geiste.

Eulen aus Sparta

Kurze Schwerter, kurze Worte

Wie auf dem Schlachtfeld wegen ihrer kurzen, scharfen Schwerter, so waren die Spartaner auf dem Marktplatz gefürchtet wegen ihrer kurzen, scharfen Worte. Manche kunstvoll ausgefeilte, schwungvoll dargebotene lange Rede eines in der rhetorischen Technik wohlgeschulten Diplomaten ist daran zuschanden geworden – wenigstens in der Anekdote:

«Den Botschaftern der Samier, die sich in einer langatmigen Rede ihres Auftrags entledigt hatten, gaben die Spartaner schliesslich die Antwort: „Den Anfang haben wir längst wieder vergessen, und das Weitere haben wir dann nicht verstanden, weil wir den Anfang schon wieder vergessen hatten.“»

«Als der Abgesandte eines fremden Staates in Sparta eine lange Rede vorgetragen und schliesslich eine Antwort darauf verlangt hatte, damit er seinen Mitbürgern Bericht erstatten könne, erwiderten die Spartaner: „So erstatte ihnen denn Bericht, dass du grosse Mühe gehabt hast, mit deiner Rede aufzuhören, und wir ebenso grosse Mühe, ihr zuzuhören.“»

Altes Eisen

«Auf die Frage, wie weit die Herrschaft der Spartaner sich erstrecke, erwiderte Archidamos, der Sohn des Agesilaos: „Immer so weit, wie die Spitzen ihrer Speere reichen.“»

Neben diesem herausfordernd pointierten, waffenrasselnden Ausspruch des spartanischen Königs Archidamos III., der sich im 4. Jahrhundert v. Chr. als tüchtiger Heerführer und tapferer Haudegen viele Male für seine Vaterstadt geschlagen hat, bis er schliesslich im Jahre 338 als Führer eines Söldnerheeres im Kampf gegen die Lukanier und Messapier in Süditalien fiel, verzeichnet Plutarch in seinen «Aussprüchen von Spartanern» einen zweiten, der in unserem Zeitalter der Interkontinentalraketen und Anti-Raketen-Raketen mittlerweile reichlich antiquiert erscheint. Hier ist er noch einmal, ehe wir ihn zu den gleicherweise antiquierten Katapultgeschützen jener Zeit buchstäblich zum alten Eisen werfen:

«Als Archidamos zum ersten Mal ein Geschoss für das damals neu entwickelte Katapult in Händen hielt, das erste, das eben aus Sizilien herübergebracht worden war, schrie er auf: „Beim Herakles! Nun ist es aus mit Mannesmut und Tapferkeit."»

Der Schiedsspruch

Nicht alle die «Aussprüche von Spartanern», die Plutarch zu Hunderten gesammelt hat, handeln von blanken Waffen und Schwarzer Suppe. Ein so salomonisch wie lakonisch urteilender Friedensrichter begegnet uns in der hier folgenden Anekdote, und kein geringer Mann: König Archidamos II., der im 5. Jahrhundert v. Chr. als Zeitgenosse des Atheners Perikles ein volles halbes Jahrhundert lang in Sparta herrschte und zuletzt noch den für beide Seiten selbstzerstörerischen dreissigjährigen Peloponnesischen Krieg so beharrlich wie vergeblich abzuwenden suchte:

«Als zwei unversöhnlich zerstrittene Spartaner schliesslich König Archidamos selbst zu ihrem Friedensrichter nahmen, führte der König sie in den Heiligen Bezirk der Athena Chalkioikos und liess sie schwören, sich unverbrüchlich an seine Entscheidungen zu halten. Nachdem beide Parteien bereitwillig den geforderten Eid geleistet hatten, erklärte er: „So entscheide ich denn, dass ihr diesen Heiligen Bezirk der Athena Chalkioikos nicht eher wieder verlassen dürft, als bis ihr für alle eure Streitigkeiten einvernehmlich untereinander eine Lösung gefunden habt."»

«Wenn ich du wäre»

Der «Held» der folgenden Anekdote ist der spartanische Feldherr Kallikratidas, der im Jahre 406 v.Chr., in der Schlussphase des Peloponnesischen Krieges, den unversöhnlich mit ihm verfeindeten Lysander im Kommando über die spartanische Flotte ablöste, sich des politischen Sieges über den Gegenspieler aber nicht lange erfreuen konnte. Nach ermutigenden Anfangserfolgen führte Kallikratidas seine Flotte bei den Arginusen-Inseln südöstlich von Lesbos, wo eine übermächtige athenische Streitmacht sich ihm entgegenstellte, in eine katastrophale Niederlage; er selbst fiel bereits kurz nach Beginn der Seeschlacht.

«In der Zeit, als Kallikratidas die spartanische Flotte befehligte, stellten die Anhänger des Lysander an ihn das Ansinnen, er möge ihnen freie Hand lassen, einen ihrer Feinde aus dem Weg zu räumen, und als Gegenleistung die Summe von fünfzig Talenten von ihnen entgegennehmen. Obwohl Kallikratidas damals dringend beträchtliche Geldbeträge benötigte, um Proviantvorräte für seine Schiffsbesatzungen beschaffen zu können, ging er auf das Angebot nicht ein. Kleandros, der zu seinem Beraterstab gehörte, sagte dazu: „Ich hätte das Geld ja genommen, wenn ich du wäre." „Ich ja auch", sagte Kallikratidas darauf, „wenn ich du wäre."»

Die gute alte Zeit

«Als der spartanische König Agis in seinem hohen Alter einen auch schon älteren Spartaner darüber klagen hörte, wie doch die guten alten Sitten sich zusehends auflösten und neue üble Bräuche sich stattdessen einschlichen und wie sich derart nunmehr das Unterste zuoberst kehre in Sparta, erwiderte er mit einem Lächeln: „Aber das ist doch ganz in der Ordnung, dass diese Dinge so ihren Gang gehen, wenn das so ist, wie du sagst. Denn ich selbst habe schon, als ich noch ein Kind war, von meinem Vater gehört, dass sich in seiner Zeit das Unterste zuoberst gekehrt habe; und er sagte weiter, dass auch sein Vater schon ihm selbst gegenüber, als er noch ein Kind war, eben diese Worte gebraucht habe. Daher dürfen wir uns jetzt also nicht wundern, wenn die Zeiten nach uns schlechter werden als die Zeiten vor uns, sondern müssten vielmehr umgekehrt erstaunt sein, wenn sie wider Erwarten besser oder wenigstens ebenso gut würden wie die früheren."» *Plutarch, Aussprüche von Spartanern*

Lebensdaten der zitierten Autoren

Aelian (Claudius Aelianus): griechischer «Buntschriftsteller», geb. um 175, gest. um 235 n. Chr.

Ammianus Marcellinus: römischer Historiker, geb. um 330, gest. um 395 n. Chr.

Apicius, Marcus Gavius: römischer Gourmet zur Zeit des Kaisers Tiberius (14–37 n. Chr.)

Apollinaris Sidonius: römischer Politiker und Panegyriker, Bischof von Clermont-Ferrand, geb. um 431, gest. um 486 n. Chr.

Appian: griechischer Historiker zur Zeit der Kaiser Hadrian (117–138) und Antoninus Pius (138–161 n. Chr.)

Aristophanes: attischer Komödiendichter, geb. um 445, gest. nach 388 v. Chr.

Aristoteles: griechischer Philosoph, Begründer des «Peripatos», geb. 384, gest. 322 v. Chr.

Athenaios von Naukratis: Verfasser eines zitatengespickten, nach dem Tod des Kaisers Commodus (192 n. Chr.) erschienenen «Sophistensymposiums»

Augustin: lateinischer Kirchenvater, Bischof von Hippo Regius (Bône), geb. 354, gest. 430 n. Chr.

Caesar, Gaius Julius: römischer Politiker, geb. 100, gest. 15. März 44 v. Chr.

Carmina Burana: «Lieder aus dem Kloster Benediktbeuern», Sammlung lateinischer und deutscher Lieder aus dem 12. und frühen 13. Jahrhundert

Cassius Dio: siehe Dio Cassius

Cicero, Marcus Tullius: römischer Politiker, Redner und Philosoph, geb. 106, gest. 43 v. Chr.; sein Bruder *Quintus Tullius Cicero:* geb. 102, gest. 43 v. Chr.

Dio Cassius Cocceianus: griechischer Historiker, geb. um 155, gest. um 235 n. Chr.

Diodor (Diodorus Siculus): griechischer Historiker, 1. Jahrhundert v. Chr.

Diogenes Laërtios: griechischer Philosophiehistoriker, 2. oder 3. Jahrhundert n. Chr.

Dorat, Jean: französischer Humanist, geb. 1508, gest. 1588

Euripides: griechischer Tragiker, geb. um 485, gest. 406 v. Chr.

Flavius Josephus: siehe Josephus, Flavius

Galen: griechischer Arzt, Leibarzt des römischen Kaisers Marc Aurel, geb. 129, gest. gegen 200 n. Chr.

Herodot: griechischer Historiker, der «Vater der Geschichtsschreibung», geb. kurz vor 480, gest. bald nach 430 v. Chr.

Hesiod: griechischer epischer Dichter, um 700 v. Chr.

Hieronymus: lateinischer Kirchenvater, geb. um 345, gest. 419 oder 420 n. Chr.

Historia Augusta: Sammlung von Biographien der römischen Kaiser Hadrian bis Numerian, aus der Zeit um 400 n. Chr.

Homer: griechischer epischer Dichter, Archeget der europäischen Literatur, 8. Jahrhundert v. Chr.

Horaz (Quintus Horatius Flaccus): römischer Satiriker und Lyriker, geb. 65, gest. 8 v. Chr.

Josephus, Flavius: jüdischer, griechisch schreibender Historiker, geb. 37 oder 38, gest. nach 100 n. Chr.

Juvenal (Decimus Iunius Iuvenalis): römischer Satiriker, geb. um 60, gest. um 130 n. Chr.

Laktanz: lateinischer Kirchenvater zur Zeit der römischen Kaiser Diokletian (284–305) und Konstantin (306–337 n. Chr.)

Livius, Titus: römischer Historiker, geb. 59 v. Chr., gest. 17 n. Chr.

Lysias: griechischer Redner, geb. um 445, gest. um 380 v. Chr.

Martial (Marcus Valerius Martialis): römischer Epigrammatiker, geb. um 40, gest. um 103 n. Chr.

Menander: griechischer Komödiendichter, geb. 342/341, gest. 293/292 oder 291/290 v. Chr.

Namatian (Rutilius Claudius Namatianus): Stadtpräfekt von Rom 414 n. Chr., Verfasser eines 417 geschriebenen, durch seinen Romhymnus berühmten epischen Reisegedichts

Ovid (Publius Ovidius Naso): römischer elegischer und epischer Dichter, geb. 43 v. Chr., gest. um 17 n. Chr.

Pausanias: Verfasser eines gegen 180 n. Chr. abgeschlossenen Reiseführers durch Griechenland

Petron (Gaius Petronius Arbiter): Neros *elegantiae arbiter,* Verfasser eines satirischen Romans «Satiricon», gest. 66 n. Chr.

Platon: griechischer Philosoph, Begründer der «Akademie», geb. 428/427, gest. 348/347 v. Chr.

Plautus, Titus Maccius: römischer Komödiendichter, geb. um 250, gest. 184 v. Chr.

Plinius der Ältere (Gaius Plinius Secundus): römischer Naturwissenschaftler und Enzyklopädist, geb. 23/24, gest. 79 n. Chr.

Plinius der Jüngere (Gaius Plinius Caecilius Secundus): Neffe und Adoptivsohn des vorigen, römischer Literat, Briefeschreiber und Redner, geb. 61/62, gest. nach 112 n. Chr.

Plutarch: griechischer Literat, Biograph und Essayist, geb. vor 50, gest. nach 120 n. Chr.

Polybios: griechischer Historiker, geb. um 200, gest. um 120 v. Chr.

Quintilian (Marcus Fabius Quintilianus): erster öffentlicher Professor der Rhetorik in Rom, Verfasser eines Lehrbuchs der Rhetorik, geb. um 35, gest. um 100 n. Chr.

Rutilius Namatianus: siehe Namatian

Seneca, Lucius Annaeus: römischer Politiker, Philosoph und Tragödiendichter, geb. um 4 v. Chr., gest. 65 n. Chr.

Sidonius Apollinaris: siehe Apollinaris Sidonius

Stobaios, Johannes: Verfasser einer von Homer bis ins 4. Jahrhundert n. Chr. reichenden, wohl im 5. Jahrhundert n. Chr. zusammengestellten Zitatensammlung

Strabon: griechischer Historiker und Geograph, geb. um 64 v. Chr., gest. um 20 n. Chr.

Sueton (Gaius Suetonius Tranquillus): Verfasser von Biographien der römischen Kaiser von Caesar bis Domitian, zur Zeit Trajans (98–117) und Hadrians (117–138 n. Chr.)

Tacitus, Publius Cornelius: römischer Historiker, geb. um 55, gest. um 120 n. Chr.

Terenz (Publius Terentius Afer): römischer Komödiendichter, geb. um 190, gest. 159 v. Chr.

Theodoros von Hierapolis: Verfasser eines bei Athenaios zitierten Werkes über sportliche Wettkämpfe, Lebenszeit unbekannt

Théodore de Bèze: französischer Humanist, geb. 1519, gest. 1605

Urban VIII. (Maffeo Barberini): römischer Papst 1623–1644, geb. 1568, gest. 1644

Venantius Fortunatus: christlicher Dichter, Bischof von Poitiers, geb. um 530, gest. um 601 n. Chr.

Vergil (Publius Vergilius Maro): römischer bukolischer und epischer Dichter, geb. 70, gest. 19 v. Chr.

Vitalis, Janus: humanistisch gebildeter Bettelpoet, geb. um 1485, gest. um 1560

Stellennachweise

Mit Ausnahme der unter Seite 53, 57 und 188 nachgewiesenen Zitate stammen alle Übersetzungen aus dem Griechischen und Lateinischen vom Verfasser.

11 *Cash and marry:* Herodot 1,196

13 *Der Meisterdieb:* Herodot 2,121

17 *Ein zweiter Herakles Superstar:* Die Kraftproben: Pausanias 6,14,6f. – Stierkalb: Quintilian 1,9,5 – Vierjähriger Stier: Athenaios 10. 412 E ff. – Diät: Theodoros von Hierapolis bei Athenaios 10. 412 E (Fragm. Hist. Graec., Band IV, S. 513) – Hauseinsturz: Strabon 6,262 – Krieg gegen Sybaris: Diodor 2,9,5 – Demokedes: Herodot 3,137,5

20 *Kuhhandel mit Rennpferden:* Herodot 6,103 – Plutarch, Cato d. Ä. 5,4 – Aelian, Bunte Geschichte 9,32

23 *Astylos «von Syrakus»:* «Der letzte unter den Krotoniaten . . .»: Strabon 6,262 – Astylos «von Syrakus»: Pausanias 6,13,1 – Überläufer vor Xerxes: Herodot 8,26

26 *Olympische Talente:* Die Inschrift in Delphi: Sylloge Inscriptionum Graecarum, ed. Wilhelm Dittenberger, 3. Auflage, Band I, 1915, Nr. 36; Luigi Moretti, Iscrizioni agonistiche greche, Rom 1953, Nr. 21 – Euthymos und Theagenes: Pausanias 6,6,5f. – 1400 Siege: Pausanias 6,11,5 – 1200 Siege: Plutarch, Praecepta gerendae rei publicae 811 D f.

29 *Vom Handicap zum Siegeskranz:* Pausanias 6,3,9f. – Plutarch, Demosthenes 6,2

31 *Ein Olympiasieger h.c.:* Sueton, Nero 22–25

35 *Menschenglück und Götterneid:* Solon und Kroisos: Herodot 1,29–33; das Zitat: 1,32

38 *Der «Kreislauf der Menschendinge»:* Solon vor Kroisos: Herodot 1,29–33 (vgl. S. 35ff.); das Zitat: 1,33 – Kroisos vor Kyros: Herodot 1,86 und 88 – Priamos und Achilleus: Homer, Ilias 24,631f. – «Kreislauf der Menschendinge»: Herodot 1,207,1f.

41 *Belastungsproben:* Herodot 3,14,1–15,1 – «An der Schwelle des Greisenalters»: Zitat aus Homer, Ilias 24,487

44 *Ein Königreich für – einen Mantel:* Herodot 3,139–141

47 *Grenzüberschreitungen:* Herodot 7,8α1f.γ1f.; 7,10εf.; 7,45f.; 7,47,2–49,5; 7,50,1–3; 9,16,3–5

51 *Das Glück unterm Schwert:* Plutarch, Dion 9,4 – Cicero, Tuskulanische Gespräche 5,57–62

53 *«Einst wird kommen der Tag ...»: «Hannibal ad portas»:* Livius 23,16,2 – Polybios 38,22 bei Appian, Libyke 132 («Einst wird kommen der Tag ...»: Homer, Ilias 6,448f., Übersetzung von Johann Heinrich Voss) – Horaz, Briefe 2,1,156f. – Polybios 38,21 – «Kreislauf der Menschendinge»: Herodot 1,207,2 (vgl. S. 38ff.)

57 *Das Rad der Fortuna:* «Kreislauf der Menschendinge»: Herodot 1,207,2 (vgl. S. 38ff.) – Carmina Burana 16, 3. Strophe (Übersetzung von Carl Fischer) und 18a

60 *«Ich bin ein Mensch ...»:* Terenz, Heautontimorumenos 53ff. (*«Homo sum ...»:* 77) – Aristoteles, Nikomachische Ethik 8,1. 1155 a21f. – Cicero, De finibus 3,63

63 *Tröstliches Gewölbe:* Seneca, Briefe an Lucilius 95,51–53 – *«Homo sum ...»:* Terenz, Heautontimorumenos 77 (vgl. S. 60ff.) – Kleist, Penthesilea, Vers 1347ff.

66 *Die Liebe der Mütter:* Aristoteles, Nikomachische Ethik 9,4. 1166 a2ff.; 9,7. 1168 a21ff.; 8,9. 1159 a27ff.; Eudemische Ethik 7,12. 1245 b29ff.

68 *Väter und Söhne:* Terenz, Adelphoe 49–77 – *«Nullum est iam dictum ...»:* Terenz, Eunuchus 41; Hieronymus, Kommentar zum Predigerbuch, Patrologia Latina, ed. Migne, Band XXIII, S. 1071

71 *Drei Plädoyers für die Toleranz:* Plinius d. J., Briefe 8,22; 9,12; 9,17

74 *Ehrenvoller Sklavendienst:* Herodot 7,104,4 – Platon, Symposion 196c; Gesetze 4.715b–d; 6.762e – Antigonos Gonatas bei Aelian, Bunte Geschichte 2,20 – Tiberius bei Sueton, Tiberius 29 – Friedrich der Grosse, *Mémoires pour servir à l'histoire de la maison de Brandebourg*

76 *Zuviel Demokratie:* Platon, Staat 8.562b–564a (unter Verzicht auf die Dialogform)

79 *Weltbürger zwischen Geist und Geld:* Aristophanes, Plutos 1151 – Cicero, Tuskulanische Gespräche 5,108 – Diogenes Laertios 6,63; 2,99 – Pseudo-Varro, Sentenzen 36 – Lysias 31,6 – Athenaios 4. 159 D

80 *Alte Welt – Neue Welt:* Cicero, Staat 3,33, zitiert bei Laktanz, Divinae institutiones 6,8,6ff. – The Adams-Jefferson-Letters, ed. Lester J. Cappon, Chapel Hill 1959: Adams an Jefferson, 16.7.1814; Jefferson an Adams, 21.1.1812; Adams an Jefferson, 3.2.1812; Jefferson an Adams, 5.7.1814; Adams an Jefferson, 16.7.1814

83 *Überlebenschancen:* Platon, Protagoras 320c–322d

87 *Natürliche Feinde:* Cicero, De officiis 2,16 – Seneca, Briefe an Lucilius 103,1f. – Stobaios 3,2,42 Hense

89 *Nach uns die Sintflut?* Cicero, De finibus 3,62–65 (der «geflügelte griechische Vers» griechisch zitiert: Dio Cassius 58,23,4; Sueton, Nero 38,1)

92 *Kein Overkill:* Raubfische mit Handicap: Aristoteles, De partibus animalium 4,13. 696 b26ff.; Zähne und Hörner: 3,1f., besonders 661 b22ff., 663 a17f., b31ff.; «wie ein vernünftiger Mensch»: 4,10. 687 a11f.

94 *Kalendergeschichte zum Schalttag:* Unregelmässigkeiten des römischen Kalenders vor Caesar: Hans Kaletsch, Tag und Jahr, Die Geschichte unseres Kalenders, Lebendige Antike, Zürich 1970, S. 68 – Ovid, Fasti 1,29 – Cicero, Briefe an Atticus 5,21,14 – Ciceros Spott über Caesars Edikt: Plutarch, Caesar 59,6 – Ciceros Empörung über den *«Iulius»:* Cicero, Briefe an Atticus 16,1,1; 16,4,1 (vgl. S. 124ff.)

100 *Die sieben Götter der Woche:* Pompejanische Wandinschriften: Corpus Inscriptionum Latinarum, Band IV, Nr. 5202. 8863 – 2. Buch Mose 20,8ff. – Flavius Josephus, Contra Apionem 2,39,2

105 *Stunden à la saison:* Seneca, Apokolokyntosis 2,2 – Die «zwölf Teile des Tages» der Babylonier: Herodot 2,109,3 – *hóra* als «Stunde»: Aristoteles, Staat der Athener 30,6

108 *Ein mythisches Massenmedium: Ossa:* Homer, Ilias 2,93f.; Odyssee 24,412ff. – *Eris:* Homer, Ilias 4,440ff. – *Phéme:* Hesiod, Tagwerke 760ff. – *Fama:* Vergil, Aeneis 4,173–188

111 *Cicerone für Wahlkämpfer:* Quintus Tullius Cicero, Commentariolus petitionis 1; 41–47 (leicht gekürzt); 52f. – Cicero, Rede für Murena 35f.

115 *Grüssen mit fremdem Gedächtnis:* Quintus Tullius Cicero, Commentariolus petitionis 41f.; 32 – «Wir grüssen mit fremdem Gedächtnis»: Plinius d. Ä. 29,19 – Cicero, Rede für Murena 77 – Kineas: Plinius d. Ä. 7,88

117 *Ein Konsul, der kein Auge zutut:* Cicero, Briefe an die Freunde 7,30,1f. – Plutarch, Caesar 58,1

119 *«Corriger la fortune»:* Terenz, Phormio 203 – Cicero, Tuskulanische Gespräche 2,11 – Terenz, Adelphoe 739–741 – *«Alea iacta est(o)»:* Sueton, Caesar 32; Plutarch, Caesar 32,5; Plutarch, Pompeius 60,4 – Caesar, Bürgerkrieg 3,73,4 – Lessing, Minna von Barnhelm, 4. Akt, 2. Szene

120 *Nr. 1:* Plutarch, Caesar 11,3f.

121 *Die Iden des März:* Plutarch, Caesar 63,7; 66,5–14 – Sueton, Caesar 82,2f. – C. Matius bei Cicero, Briefe an Atticus 14,1,1

124 *Ein heisser Juli:* Umbenennung des *Quintilis:* Dio Cassius 44,5,2; 45,7,2; Sueton, Caesar 76,1 – Cicero, Briefe an Atticus 16,1,1; 16,4,1

127 *Kalendergeschichte zum 1. August:* Einnahme Alexandrias durch Octavian, Tod des Antonius und der Kleopatra: Dio Cassius 51,10ff.; Plutarch, Antonius 75ff. – Umbenennung des *Sextilis:* Sueton, Augustus 31,2 – Spätere Umbenennungen: Sueton, Nero 55; Domitian 13,3; Historia Augusta, Commodus 11,8

130 *Frauen im Widerstand: Arria . . .:* Plinius d. J., Briefe 3,16,3–12

133 *. . . und ihre Enkelin Fannia:* Plinius d. J., Briefe 7,19,1–10

136 *Lukullischer Luxus:* Plutarch, Lucullus 39–42,2

141 *Kirschen aus Kerasus:* Victor Hehn, Kulturpflanzen und Haustiere, Berlin 1911, S. 404f. – Plinius d. Ä. 15,102–104 – Triumph des Lucullus: Plutarch, Lucullus 37,3–5

144 *«Der tiefste Schlund»:* Plutarch, Lucullus 40f. (vgl. S. 136ff.) – Plinius d. Ä. 10,133 – Apicius 232 – Seneca, De vita beata 11,4 – Feigenmast: Plinius d. Ä. 8,209 – Historia Augusta, Aelius 5,9; Heliogabal 20,5 – Venantius Fortunatus, Carmina 7,2,3f. – Seneca, Ad Helviam 10,8f. – Martial 3,22

147 *Wann kommt die Eselsmilch?* Poppaea Sabinas Eselsmilchbäder: Plinius d. Ä. 11,238; 28,183 – Schönheit der älteren und der jüngeren Poppaea Sabina: Tacitus, Annalen 13,45,2 – «Lieber früh sterben . . .»: Dio Cassius 62,28,1 – Poppaea Sabinas Tod und Einbalsamierung: Tacitus, Annalen 16,6,1f. – «Poppäanische Crèmes»: Juvenal 6,462 – Eselsmilch-Gesichtsmasken: Plinius d. Ä. 28,183

149 *Park and Ride:* Ammianus Marcellinus 14,6,9.16 – Caesars «Strassenverkehrsordnung» für Rom: Corpus Inscriptionum Latinarum, Band 1, Nr. 593 – Galen, Opera omnia, Band XI, S. 301 Kühn – Standesvorrecht der Senatoren, in Rom mit dem Wagen zu fahren: Historia Augusta, Severus Alexander 43,1

152 *Elefantenballett:* Aelian, Eigenheiten der Tiere 2,11

155 *Gestiefelt und gespornt:* Caligula 55,2f.

157 *Die «Grünen» und die «Blauen»: «Panem et circenses»:* Juvenal 10,81 – Tacitus, Dialogus de oratoribus 29,3 – Caligulas Lieblingspferd: Sueton, Caligula 55,3 (vgl. S. 155f.) – Galen, Opera omnia, Band X, S. 478 Kühn – Plinius d. J., Briefe 9,6

160 *Szenen aus den heissen Bädern:* Seneca, Briefe an Lucilius 56,1f. – Historia Augusta, Hadrian 17,5ff.

162 *«Homo homini lupus»:* Plautus, Asinaria 495 – Seneca, Briefe an Lucilius 7,2–5

164 *Blut und Ketchup:* Seneca, Briefe an Lucilius 95,33 (vgl. S. 162f.) – Augustin, Bekenntnisse 6,13

167 *Spanischer Pfeffer, Attisches Salz:* «Und mit viel Salz»: Martial 10,9; an Cinna: 3,61; an Linus: 2,38; an Gaurus: 8,27; an Phileros: 10,43; an Picentinus: 9,78; Paula: 10,8; an Paula: 9,10; an Sextus: 2,87; an Pontilian: 7,3; an Varus: 8,20; an Mamercus: 2,88; an Laelius: 1,91; an Matho: 10,46; Halsschutz: 4,41; an Fidentinus: 1,38; an Vacerra: 8,69; «Überall lobt und liebt und singt . . .»: 6,60

172 *«Das sind wir, ich und du ...»:* Martial an Labull: 11,24; an Kallistrat: 5,13

175 *«Morgen lebst du?»* Martial an Postumus: 5,58; an Quintilian: 2,90; an Julius Martialis: 1,15; 5,20; 10,47

179 *Rom die Stärke – Rom die Liebe: «Parcere subiectis ...»:* Vergil, Aeneis 6,853 – *«Roma, tibi subito ...»:* Apollinaris Sidonius, Briefe 9,14,4 – Die Romgedichte von Théodore de Bèze, Jean Dorat und Papst Urban VIII. in: Roma aeterna, Lateinische und griechische Romdichtung von der Antike bis in die Gegenwart, herausgegeben von Bernhard Kytzler, Bibliothek der Alten Welt, Zürich 1972, S. 514 und 524

182 *«Urbi et orbi»:* Cicero, 1. Rede gegen Catilina 4,9 – Ovid, Liebeskunst 1,173f. – Vergil, Aeneis 1,279 – Ovid, Fasti 2,683f. – *«Captivus, ut aiunt, orbis in urbe iacet»:* Apollinaris Sidonius, Carmina 7,556f. – Rutilius Namatianus, De reditu suo 1,63–72

186 *«Mitten in Rom suchst du Rom ...»:* Janus Vitalis, in: Roma aeterna, Lateinische und griechische Romdichtung von der Antike bis in die Gegenwart, herausgegeben von Bernhard Kytzler, Bibliothek der Alten Welt, Zürich 1972, S. 476

188 *Memento mori, memento vivere:* Petron 34,6–10 (Übersetzung von Wilhelm Ehlers) – Euripides, Alkestis 782–784.787–789 – *«Ut moriens viveret ...»:* Inschrift auf dem Grabmal des spanischen Kardinals Auxia di Poggio (gest. 1483) in Rom, Santa Sabina, rechtes Seitenschiff

191 *«Atmende Bilder»:* Vergil, Aeneis 6,847f. – Ovid, Metamorphosen 10,250–252

193 *Neun Worte Latein: «Festina lente»:* Sueton, Augustus 25,4 – *«Sed fugit interea ...»:* Vergil, Georgica 3,284 – *«Fuga temporum»:* Horaz, Oden 3,30,5

195 *Eulen aus Sparta:* Kurze Schwerter, kurze Worte: Plutarch, Aussprüche von Spartanern 232 D und E – Altes Eisen: 218 F; 219 A – Der Schiedsspruch: 218 D – «Wenn ich du wäre»: 222 B – Die gute alte Zeit: 216 B